谨以此书献给正在为成就伟大商业梦想而奋斗的企业家们!

各方赞誉：

当前，民营企业普遍面临着"三座大山"：市场的冰山、融资的高山、转型的火山。在数字经济时代到来的大背景下，企业需要有更开放的经营思维，本书给了我们一个全面而实用的答案，可以让苦苦挣扎中的传统企业对新商业时代业经营创新的认识变得更加立体起来，更好地指导转型中的中国企业跨越"三座大山"，实现脱胎换骨，成功转型升级，拥抱数字经济新时代。

——内蒙古经济学会会长/数字经济研究院院长　张太平

创新，是我们这个时代的主旋律。然而，如今企业总会把创新两字挂在嘴边，导致现在已经成为了一个缺乏明确意义的口号。本书不仅为我们指出了新商业时代驱动企业创新发展的核心经营理念，更重要的是展示了这些核心理念是如何应用到企业中的，可以让传统企业在数字经济时代的商业变局中更清醒地自我审视，找到创新的立足点和突破点，成功实现创新引领。

——河南万庄农资集团　董事长　赵慧清

企业经营创新是一个完整的体系，转型升级也是一个系统的工程。本书的出版，可以让更多的企业对新商业时代的经营理念有一个系统性、整体性把握，帮助传统企业家快速、全面地升级商业认知，指导企业从盲目试错到有的放矢，摆脱"不是等死、就是找死"的窘境，在变与不变中找到新平衡。

——甘肃华瑞农业股份有限公司　总经理　朱希魁

作为与我公司合作多年的战略创新咨询顾问，建朋通过多年的企业咨询实践，窥视到了新商业时代企业变革升级的核心逻辑，为数字经济时代企业经营创新建立的体系框架令人振奋，脉络如此清晰的书，实属难觅。本书的面世，给业界带来了一股清新的空气，其经验和思想必将令众多数字化转型中的企业受益。

——天津通赢优采食材供应链　董事长　公彦斌

如果我们把企业转型升级之路看成一次登山之旅的话，本书的出版可以指导企业家从一开始就能从山顶俯视上山之路，要比从山下向上盲目攀登，节省时间和精力得多。作者深入浅出的分析，通俗易懂，可以让你快速读懂新商业时代。

——广东顺德缘好钻石有限公司　董事长　陈建津

NEW BUSINESS
THE TOP BUSINESS LOGIC OF THE INTERNET ECONOMY

全新经营
网络经济时代的顶层商业逻辑

张建朋 / 著

中国商业出版社

图书在版编目（CIP）数据

全新经营：网络经济时代的顶层商业逻辑／张建朋 著．--北京：中国商业出版社，2017.12
ISBN 978-7-5208-0152-2

Ⅰ．①全… Ⅱ．①张… Ⅲ．①企业经营管理 Ⅳ．①F272.3

中国版本图书馆 CIP 数据核字(2017)第 326996 号

责任编辑：朱丽丽

中国商业出版社出版发行
(100053 北京广安门内报国寺 1 号)
010-63180647 www.c-cbook.com
新华书店经销
天津中印联印务有限公司

＊

720 毫米×1000 毫米　1/16 开　15 印张　170 千字
2018 年 8 月第 1 版　2018 年 8 月第 1 次印刷
定价：42.00 元

＊＊＊＊

（如有印装质量问题可更换）

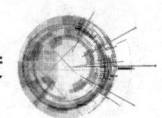

序：突破思维边界 升级认知维度

移动互联、智能科技正在加速重塑整个商业世界，正以势不可挡的力量穿透传统行业的藩篱，不断创造着新的挑战和机会。一些新生代"野蛮"企业几乎一夜间迅速崛起，展现出令人惊讶的颠覆力量，其快速迭代及灵活多变的特质，让许多传统企业无所适从。而与此同时，不少曾经风光一时的行业巨头一夜之间变得脆弱不堪，眼见一个个传统行业被互联网重塑，愈发地让人看不懂、看不清、不知所措。企业过去传统的经营逻辑和方法已不再有效，曾经驾轻就熟的成功经验也无法像以前那样得心应手。在数字经济背景下，"转型""变革"和"创新"等趋势，正裹挟着所有的企业一路向前狂奔。

一切的局限，都是源于认知的局限；一切的束缚，都是源于思维的束缚。如何在这个动态、复杂与快变的移动互联与智能科技时代，突破传统的经营思维与经验束缚，适应及有效应对快速迭代的数字经济时代，掌控乃至引领持续不断的创新，是所有传统企业目前面临的一大挑战。"不变等死""变则找死"——众多企业在纠结缠绕中盲目试错，让本就岌岌可危、困难重重的经营更是雪上加霜，面对充满迷茫和未知的漫漫前路，企业究竟该何去何从？

  我们最容易看到表象，也往往最容易只看到表象。新一代的企业家必须要能预见变化，能够看清变化背后的逻辑。然而，大多数企业经营者还没有培养出一种应对变化的能力。很多时候，如果一切进展顺利，管理者就会满足于维持现状。有时候，企业家置身于某种情景中，自信变成了自负，对自己创建的事业的强烈情感也会蒙蔽他们，从而使他们丧失了局外人的客观立场。

  时代在变，企业不能做井底之蛙。企业要引领未来发展，必须主动求变，而非被动应对。在这个快速迭代的新商业时代，持续学习和不断创新已经成为新一代企业家的宿命。今天的新知，明天或许就已经成为了商业的常识；今天的创新制高点，明天或许就已经是商业竞争的起跑线。要赢得未来商业的竞争，新一代的企业经营者必须放下对一切固有经验的怀恋，在全新的速度坐标下检视自己曾经引以为豪的经验与技能，拓展思维边界，升级认知系统，在全新的经营跑道上重新起跑。

  作者出版此书目的，就是希望将十多年在企业经营创新咨询一线实践中所积累的经验和实战心得，毫无保留地奉献给大家。全书通过八大开放性思维、十六大边界突破、八大实践案例分享，全方位解读了移动互联和智能科技时代，企业数字化转型升级的顶层商业逻辑。全书包含了思维、战略、组织、营销及企业文化等经营创新的所有主要相关领域，以期让新一代的企业经营者对快速变革的商业环境有一个更加系统、全面和深刻的认知，从而以全新的经营思维审视自己、审视自己的企业，跳出窠臼，看清未来，在业已到来的数字经济时代，迈向全新的经营境界，跟上乃至引领未来商业的变革。

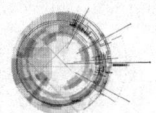

前言　新商业时代，新经营逻辑

在新商业时代，不管一家企业曾经是多么的知名和成功，曾经处于多么强的市场地位和拥有多么大的行业话语权，在互联网时代都可能不堪一击。新生代企业以一种新的价值创造逻辑、市场拓展和资源调配手法，迅速颠覆传统的商业模式，与传统企业正在打着一场不对称的战争。微信的出现之于三大运营商，滴滴的出现之于出租车行业，今日头条的出现之于三大门户网站，莫不如此。

在当今商业环境下，传统企业变革的原点，就在于对新商业环境、新经营逻辑有一全面且深刻的认知，以更宽广的视角、更高的维度、更开放的心态来理解商业的本质和新商业时代的机遇。对于致力于在新商业时代取得更大成功和更快发展的企业经营者来说，对外部环境和变革的含义有深刻而客观的理解，是迫在眉睫的。

一、新商业时代，消费者成为价值链第一推动力

随着互联网、移动互联网和社交网络的发展，消费者拥有前所未有的获取信息和分享信息的能力。其角色、行为和力量正在发生根本变化，用户和企业之间的距离无限接近，实时连接。消费者的话语权日益增强，从

过去的"卖方市场"到现如今的"买方市场",从过去的"买方谨慎"到现如今的"卖方谨慎"。

1. 新权力时代到来

在新商业时代,消费者从孤陋寡闻到见多识广,从分散孤立到群体互动,从被动接受到积极参与,消费者潜在的多样性需求被激发,声音越来越强,力量越来越大。传统上因物理空间、渠道、流程制约存在于公司和消费者之间的障碍,在互联网为特征的客户经济时代下被消除;公司和消费者之间的信息障碍和信息不对称因互联网的广泛使用而被打破,公司在顾客面前越来越透明。在新商业时代,消费者对公司以及对公司产品购买与否的选择权和选择力量得到彻底的释放和发展,消费者用手中的设备"投票",直接决定企业的生死命运。企业价值链的第一推动力转向了消费者,而不再是厂家,这是一个根本的变化。企业过去一切基于在信息不对称背景下形成的以企业为中心的经营模式,以命令和控制为手段的管理模式都已经彻底失灵了。还在紧抱旧权力不放的企业将被市场彻底抛弃。以企业为中心的产消格局已转变为以消费者为中心的全新格局。未来的企业竞争将是用户选择权的竞争,商业机会则蕴藏在同用户零距离的接触当中,企业必须以消费者的需求来引导运营的方方面面。

2. 存量市场的竞争

增量红利不在,存量战争来临,中国的多个产业已经从一个增量期,向长久甚至永久的存量期过渡。企业增长减缓、停滞,甚至出现萎缩;产品同质化、竞争白热化。对诞生、成长于物资匮乏的卖方时代的企业来说,当初的企业创建就是为了解决稀缺性:信息稀缺、资源稀缺、货品匮乏选择有限。而今,这些资源都异常丰沛甚至过量起来,进入一个

前言　新商业时代，新经营逻辑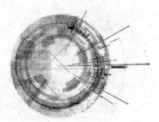

供大于求的时代：存量争夺必是一片血腥红海，竞争逻辑简单化、片面化和固化，形成了种种根深蒂固、挥之不去的思维定势，这反而大大限制了企业发展的可能性。要想在激烈的存量争夺战中实现突围，必须首先破除这些思维定势的藩篱。时代在转变，环境在转变，而一些企业家的思维方式和工作方式的转变是非常缓慢的，甚至有的干脆拒绝转变，还沉湎于上个年代的成功经验和传统认知。

3. 对等关系的形成

过去在物质和信息匮乏的情况下，企业经营管理的核心是提高生产效率，构建一个复杂组织的最佳方法就是构建层级架构。有效弥补即时信息的缺失，员工只需服从命令即可，一个成员的地位很大程度上取决于他相对于其他人享有多少信息特权；而在当今物质和信息充沛的网络经济中，企业经营管理的核心是增进联系。互联网让信息透明、随时随地、无处不在，信息不再是有限的、专属的，而是丰富的、大众的。

在网络关系中，成员以对等身份建立联系，他们享有均等的权利与机会：客户与公司之间日趋对等的关系，老板与员工之间的对等关系，公司与合作伙伴之间结成的层层叠叠的对等关系。由"信息不对称"转变为"信息零距离"带来的挑战是：用户个性化，大规模制造转型大规模定制。在这一过程中，在历史惯性、企业文化以及领导人经营思维等多重影响下，真正实现转型成功的可谓凤毛麟角。

4. 智能科技的冲击

互联网和智能科技正在改变商业的方方面面，这种改变速度空前，而且仍在加速。创新的步伐越来越快，企业原来历尽千辛万苦建立起来的市场优势、技术壁垒，都可能在一夜之间被摧毁，颠覆者随时可能异军突

起，瞬间就无处不在了。

互联网、智能科技最大的特征就是开放和互动，让信息成本趋近于零。一方面，消除了供（传统企业）和需（消费者）之间的距离，让企业更加容易地接近客户，了解客户的个性化需求，与客户互动，全流程参与、为客户创造个性化价值；另一方面，互联网让企业更快、更加容易地整合产业链上下游资源，更好地为客户提供价值，同时运用云计算、大数据技术提升企业自身运营能力和效率及对市场的洞见，使精益研发、精益生产和精准营销成为可能。

5. 传统经验的失灵

在创新、转型与颠覆的多重时代命题下，在投资驱动、要素驱动、经济大发展背景下成长起来的企业家们，普遍面临的一个比较大的挑战是：他们大多缺乏系统性的商业认知框架。没有广阔的视角和长期的理念，严重依赖个人直觉和人际关系，这种状态潜伏着危机，经验往往是很难指导成功，尤其在快速变化的环境中。当前，让那些成功的企业家感到最不舒服的莫过于他们曾经有效的经营模式、管理手法现在似乎失灵了。过去企业的竞争基于对一切信息不对称下的企业优势资源的掌控：控制渠道的流通、控制信息的传播、控制消费者的认知。但是，这种竞争优势在互联网让世界扁平化的过程中，越发显得弱化甚至于消失了。

我们生逢一个大变革时代，知识更新不断加速，企业即使能做到快速变革，也许仅可不被时代抛于身后。环境在变，市场在变，竞争对手在变，企业必须不断超越自己，在全新的速度坐标下检视自己的经验与技能，在网络经济时代，企业过去的成功经验和未来的成功没有太大关系，企业只有颠覆传统、涅槃重生，才有可能免遭时代抛弃和摧毁。借用李开复的一句话"不要用过去的观点看未来"，就是现在，让我们现在就开始

前言 新商业时代，新经营逻辑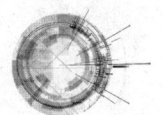

做未来人。

二、新经营逻辑，互联网让一切从封闭走向开放

商业世界每天发生着翻天覆地的变化，其核心是以开放式思维对企业边界的重新定义以及企业核心竞争力的重新构建。在互联网时代，企业核心竞争能力不仅仅体现在产品和技术的竞争力上，还体现在更好地建立和维系与客户互动关系的能力上，更好地为客户、合作伙伴带来机会和共创共享价值的能力上。

互联网建立之初就是为促进合作，自那时起，一场席卷全球的浪潮将每个个体无时无刻不连接在一起。互联网的本质就是让一切连接，人与人的连接让我们更亲近，人与物的连接让我们更方便，物与物的连接让我们的生活更智能。在互联网时代，开放合作是成就的养分，在一个相互连接的世界里，低成本的、即时的、无处不在的在线协作将变得简单。

正如凯文·凯利在《新经济新规则》中所言：科技正在朝着将世间万物互联入网的使命前进着。那些遵循网络逻辑的人，那些意识到我们正在踏入一个被新规则掌控的新世界的人，都将在新的经济世界里抢占先机。新商业时代，企业越开放与别人的连接就越多，连接越广、连接越宽，价值就越大，开放变成企业生存的必要，企业的连接量，决定了企业的价值，不开放，就没有办法获得更多的连接。

1. 在思维上，从封闭走向开放

没有传统的企业，只有封闭的思维。创新意味着打破常规，超越自我意味着否定自己，扬弃过去保守性、被动性和消极性的思维，突破传统思维定势和狭隘眼界，多视角、全方位看问题。这样，企业才可能赢得未来的发展机遇并获得成功。然而，对一家传统企业来说，改变过去的惯性思

维比较难；而且行为跟上思想的改变愈发得难，思想意识已经换轨道了，但行为往往还停留在旧轨道上；而且，企业家的思想和行为一致了，怎么动员团队跟上步伐，在这个痛苦转变的过程中，你还在煎熬和取舍，而大量的机会可能已经失去。对于快速发展的中国企业而言，从管理者到企业家都应具备一种变革能力。企业需要主动颠覆封闭的局面，而不是被封闭的局面所颠覆。本书的出版，就是希望能够首先帮助传统企业完成认知的升级、思维的切换。

无论你的公司现在多么成功，也不应该过分陶醉于现有的技术而固步自封，而应不断吸收新的信息和技术，然后将其用于解决问题，改进产品和流程，并创造机会。数字经济时代，开放型经营思维已成为决定企业自身生存和发展的最为迫切和最为关键的能力。时刻变化的市场要求企业家必须放远眼光，以超前的开放型思维决定企业的经营活动。企业需要更大的适应性和灵活性来发展，只有具备了开放性的思维方式，才能够不断地有所发现、有所发明、有所创造、有所前进。

2. 在战略上，从封闭走向开放

创造未来，就是成为今天的敌人。过去，公司的一切价值创造都主要靠自身来完成，扩张有条不紊、循序渐进。先造一款产品，在当地或区域内获得成功；然后通过建立销售、物流、服务渠道一步步扩张；接下来，将生产能力提高到与公司发展速度相符的水平，一切都按部就班。这样的方式，在过去，也许还可以满足一般性的渐进式增长，但在互联网时代，依靠封闭式发展的空间越来越小了。互联网把整个世界连接在一起，消除了过去信息传递、地域、空间、时间等的限制，随时随地把世界连接在一起，企业可以轻松获得全球范围内的各种资源和渠道，随着信息、连接、计算、生产、分销、人才等几乎所有资源的普及，在知识经济时代，企业

前言 新商业时代，新经营逻辑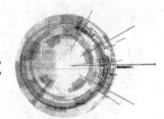

仅仅依靠内部的资源进行高成本的创新活动，已经难以适应快速发展的市场需求以及日益激烈的企业竞争。

开放式经营创新正在逐渐成为企业创新的主导模式。全世界的资源都为我所用，正如全球企业战略大师 C. K. 普拉哈拉德在《企业成功定律》中所指出的那样："网络经济时代，企业核心竞争力就是来自于在全世界范围内动态重构资源的能力（R=G），与客户共创个性化价值（N=1）。"另一方面，为了更好地创造客户价值，企业也可以向行业或社会开放自己的核心资源与独特的专业能力。

正如 Google 创始人所说：选择了开放，你虽然放松了控制权，但换来了规模和创新。开放不但有助于吸收创意（比如为企业平台增添新的卖点，从合作伙伴那里获取专业支持），也可以降低互补性元素的成本，这不仅能让用户得利，也有助于企业生态的发展，而这些机遇通常都是由于传统企业闭门造车而带来的。

3. 在组织上，从封闭走向开放

互联网让组织的各部门之间以及组织与客户之间真正实现了零距离沟通。而传统的组织管理是命令加控制型管理模式，是一个围绕着层级结构而展开的权力与责任体系，为了安全和控制，习惯于将资源封闭在内部。等级制度下的上级给下属设置了一个障碍，结果是下属不愿表达不同意见，不愿意承担风险，不愿意主动创新。上司有权力评价下属的工作，决定他们的升迁，所以一心向上的下属们自然一心一意做老板交代的工作，或者老板示意的工作。这样的组织，在互联网时代，难以快速感知市场和客户需求的变化。需要建立开放式组织，让信息在组织内部充分流动，锻炼每个组织成员的全局性和系统性思考能力；对组织成员赋能和放权，锻炼每个成员的信息处理能力和决策能力。把决策权、

资源配置权和利益分配权下放到一线员工，由他们根据市场变化和用户需求来自主经营，打造组织自身的适应性（adaptability）和韧性（resilience），才能够做到以不变应万变。然而，当前大部分企业，对过往管理模式的深信不疑遮住了大家的双眼。

在工业经济时代，资本与资源稀缺，所以资本与资源支配力更大。目前情况变了，人才以及人的创造力成为稀缺以及决定性因素，资本、资源要附着在人才身上，才能够真正发挥价值。未来企业的成功之道，是聚集一批聪明的创意人才，营造适合的氛围和支持环境，充分发挥他们的创造力，快速感知市场和客户的需求，充满激情和热情地创造相应的产品和服务。这意味着组织逻辑必须发生变化，传统的公司命令加控制型管理模式不适用于这群人，甚至适得其反。未来组织最重要的功能是激发和赋能，而不再是管理和激励。

前任波士顿咨询集团 CEO 写了一篇很小但是很深刻的文章。他把未来公司的管理比喻成爵士乐和交响乐。传统的公司就像一个交响乐队，高管就是这个乐队的指挥，他要指挥乐队如何奏出音乐。未来的公司则应该像爵士乐，爵士乐更加注重每一个乐手的个人的演奏以及互相聆听，在动态过程当中演奏出一场音乐。

而要做到这样的改变，需要更换传统的组织基因，超越传统的组织模式，在企业内部创造能够让创意人才自由发挥的创意环境，破除组织内部阻碍创新的藩篱。明白这一道理很简单，但转变过程则会非常艰难、非常痛苦，而企业要赢得未来竞争，又必须做出这样的抉择。

4. 在营销上，从封闭走向开放

当互联网开始消除信息不对称，当消费者可以以极低的成本获得大量即时信息时，在这个新的商业世界里，关于品牌推广和市场营销的传统观

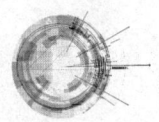

念开始分崩离析。那些满脑子只想着如何说服消费者购买的公司终将被那些一心想着如何更好地满足消费者切实需求的公司所取代。

在过去，消费就像是在押宝：一件商品好不好，一家餐馆的环境如何，没有亲身体验过消费者无从得知，只能根据营销人员提供的有限信息去猜测。品牌、原产地、价位、广告，这些重要的质量线索左右着消费者的选择。互联网和智能科技以一种前所未有的速度改变着商业环境。当消费者可以在购买前查看到交易记录和消费者评价，通过便捷的专家渠道听到专业意见，利用比价工具找到最便宜的商品，消费者的购买模式彻底改变了，他们不再只忠于一个品牌，并且开始能够判断某件具体商品的绝对价值：它用起来会是什么样子，它的价格是否虚高。要什么，不要什么，如今消费者决定得更快、更理性。

在以80后、90后，乃至00后为主要消费群体的市场，想要吸引更多年轻人的眼球，占据年轻人的消费市场，就一定要融入年轻人的生活方式，在价值上进行重塑。而这一切的实现，需要企业从经营观念、合作关系、店面管理、终端形态、品牌沟通、渠道体系等方面做出彻底转变。未来的企业，将在开放、公平的环境中营销，靠自己的绝对价值来赢取用户的忠诚与信赖。

5. 在文化上，从封闭走向开放

企业一直以来崇尚的是执行力文化，在网络经济时代，需要逐步进化到创业文化。执行力文化强调的是无条件执行，强调的是绝对忠诚，追求的核心是企业上下步调一致，目的是高效执行，避免犯错误。在网络经济时代，企业家要抛弃多疑的思维定式，创建富有吸引力、充满尊重、相互信任、开放透明、鼓励探索和包容失败的企业文化。

封闭＝陈旧＝失败，剔除今天是为了塑造更好的明天。很多时候，企

业发展到一定阶段，会变得自我满足和封闭、管理变得程式化，公司的管理流程成了一种自我束缚，更加精细的、规范的、反对冒险的管理方式扼杀了员工的工作激情和创造力。这样的企业容易做出无所作为的选择，最终停滞不前。企业家必须不断地使公司接触到新鲜的、来自外部的想法。

在新经济商业时代，以开放式思维，构建开放式战略，打造开放式组织，进行开放式营销，塑造开放式企业文化，向全新的经营境界迈进，是新生代企业的共同特征和新的经营逻辑之核心，也是传统企业转型升级的根本方向所在。

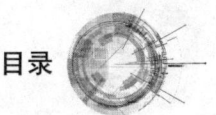

目 录

第一篇　形成开放式思维　提升前瞻洞察力 …………… 1

一、用户中心思维,从"理念口号"到"行动准则" …………… 4
1. 经营理念是用来实践的,而不是用来标榜的 …………… 4
2. 先创造用户价值,再考虑商业价值 …………… 6
3. 从售卖产品到经营用户 …………… 8
4. 真实可信成为无法忽略的存在 …………… 9
5. 同用户保持零距离 …………… 10

二、使命驱动成长,找到"不止于利润追求的意义" …………… 11
1. 成功的企业往往几十年如一日都在做一件事 …………… 11
2. 利润只是为客户提供优秀服务的"副产品" …………… 12
3. 一家公司首要的是想清楚自己的使命在哪里 …………… 13
4. 经营创新的核心是对使命目标的直觉和坚持 …………… 14
5. 探索和定义所做事情背后的价值 …………… 15
6. 让员工相信自己的口号和使命宣言 …………… 16
7. 让使命、行动与结果协同起来 …………… 17

三、平台共创思维,从"交易交换"到"共创共享" …………… 20
1. 未来组织的新形态——平台 …………… 20
2. 平台最重要的功能是赋能,而不再是管理或激励 …………… 22

3. 平台是舞台,消费者是主角 …… 22

4. 平台思维的本质是共创共享 …… 24

5. 平台具有正向激励的特质 …… 25

6. 平台具有开放的特质 …… 26

四、互动交互思维,从"单向传递"到"客户参与" …… 29

1. 从"单向传播"到"双向互动" …… 29

2. 客户参与,是滋养创造力的土壤 …… 30

3. 公司与客户之间的界限日益消失 …… 32

4. 与客户一起合作设计和开发产品 …… 33

五、产业生态思维,从"资源控制"到"产业协同" …… 35

1. 从"产品思维"到"产业思维" …… 35

2. 从"专业分工"到"产业协同" …… 36

3. 打造互利共赢的产业协同生态圈 …… 38

4. 产业协同生态圈与核心竞争力 …… 39

六、跨界融合思维,从"封闭发展"到"跨界融合" …… 42

1. 互联网是一种天然的无边界存在 …… 42

2. 跨界"打劫"成为新常态 …… 43

3. 学会用第三只眼看世界 …… 43

4. 将科学与人文融合 …… 44

七、开放整合思维,从"为我所有"到"皆为所用" …… 45

1. 以"超越自我的视野"看问题 …… 45

2. 非我所有,但皆可为我所用 …… 46

3. 将公司信念和价值观外部化 …… 47

4. 整合目的是提升价值创造力 …… 47

八、数据决策思维,从"经验判断"到"精准决策" …… 50

1. 数据成为一家企业最有价值的"资产" ……………………… 50
2. 企业决策由数据驱动 …………………………………………… 51
3. 通过开放分享和获取数据,以实现"自我进化" ……………… 53

第二篇 构建开放式战略 重塑价值创新力 …………………… 61

一、突破客户需求边界,重新定义客户价值 …………………… 63
1. 满足客户个性化需求 …………………………………………… 63
2. 洞察客户潜在性需求 …………………………………………… 66
3. 创造客户持续性需求 …………………………………………… 71
4. 互联网连接一切,让资源按需使用成为可能 ………………… 72

二、突破企业围墙边界,重构价值创造方式 …………………… 75
1. 从"一体化"走向"平台化" ……………………………………… 75
2. 构建"小核心、大外围" ………………………………………… 79
3. 创造一个没有围墙的公司 ……………………………………… 82
4. 开放式平台创新 ………………………………………………… 84
5. 互联网时代创新民主化 ………………………………………… 86

三、突破目标客户边界,重塑价值创造逻辑 …………………… 88
1. 重新定义目标客户 ……………………………………………… 88
2. 所有价值链参与方都应视作公司的客户 ……………………… 90

四、突破传统行业边界,打造跨界融合能力 …………………… 92
1. 行业边界变得越来越模糊 ……………………………………… 92
2. 从更高维度重新定义行业 ……………………………………… 93
3. 创新就是要不断打破边界 ……………………………………… 95

五、突破赢利模型边界,构建创新赢利模式 …………………… 98
1. 从单一赢利到多元化赢利 ……………………………………… 98
2. 从显性赢利到隐形赢利 ………………………………………… 99

  3. 从一次性利润到持续性利润 …………………………… 101

  4. 第三方买单模式 ………………………………………… 105

 六、突破时空地域边界，建立新的关系链接 …………………… 108

  1. 突破空间边界 …………………………………………… 108

  2. 突破时间边界 …………………………………………… 111

 七、突破核心业务边界，开放自身资源能力 …………………… 115

  1. 开放自身优势资源 ……………………………………… 115

  2. 开放自身专业能力 ……………………………………… 118

 八、突破产品经营边界，进入新的经营境界 …………………… 121

  1. 从资本角度构建企业价值 ……………………………… 121

  2. 用资本缩短战略周期 …………………………………… 122

  3. 最大化自由现金流 ……………………………………… 124

第三篇 打造开放式组织 释放组织创造力 ………………… 133

 一、突破员工身份边界，驱动每名员工成为自己的 CEO …… 137

  1. 重新定义网络时代的"工作" ………………………… 137

  2. 找到个人和企业的利益共同点 ………………………… 138

  3. 从"执行力文化"向"创业文化"转变 ……………… 139

  4. 从雇佣关系到伙伴关系，发展事业合伙人 …………… 141

 二、突破组织管理边界，建立公开透明平台赋能体系 ………… 145

  1. 工作场所民主化 ………………………………………… 145

  2. 接受组织的失控与无序状态 …………………………… 147

  3. 从管理员工缺点到激发员工优点 ……………………… 148

  4. 从管控组织变成平台赋能组织 ………………………… 148

  5. 创建内部孵化机制 ……………………………………… 151

 九、突破部门岗位边界，建立内部市场化及共创体系 ………… 155

1. 从"部门岗位"到"团队角色" ……………………………… 155
　　2. 用内部化市场规则重塑企业 ………………………………… 156
　　3. 跨部门调动资源的能力 ……………………………………… 157
　　4. 打造公司的特种部队 ………………………………………… 158

　四、突破业务流程边界，形成跨组织流程的协作体系 ………… 160
　　1. 让业务流程围绕客户而设计 ………………………………… 160
　　2. 跨部门和企业边界的流程再造 ……………………………… 161
　　3. 促进协同的机制设计 ………………………………………… 162
　　4. 建立全新境界的流程 ………………………………………… 163

第四篇　实施开放式营销　构建用户参与感 ……………… 167

　一、突破产品/服务边界，创造极致价值体验 …………………… 170
　　1. 打造难以拒绝的魔力产品 …………………………………… 170
　　2. 激发顾客情感共鸣 …………………………………………… 172
　　3. 建立一种以设计为导向的文化 ……………………………… 175
　　4. 设计整个客户体验价值链 …………………………………… 176
　　5. 产品与服务体验的前置趋势 ………………………………… 178
　　6. 产品和包装的媒体化 ………………………………………… 179

　二、突破定价边界，创新价格形成机制 ………………………… 181
　　1. 从"成本定价"到"价值定价" ……………………………… 181
　　2. 从"固定价格"到"动态价格" ……………………………… 183
　　3. 建立在字节基础上的免费经济学 …………………………… 184

　三、突破渠道边界，形成立体交互网络 ………………………… 185
　　1. 从交易型关系向伙伴型关系转变 …………………………… 185
　　2. 渠道扁平化和互联网化 ……………………………………… 186
　　3. 零售全渠道发展是大势所趋 ………………………………… 187

四、突破沟通边界，开展交互社群营销 ... 190
- 1. 互联网世界的公民 ... 191
- 2. 人人自媒体时代 ... 192
- 3. 经营环节的参与感 ... 193
- 4. 客户关系的社群化 ... 195
- 5. 沟通传播的场景化 ... 195

尾声　塑造开放性文化　提升创新包容性 ... 203

一、培育一片孕育创新的土壤 ... 205
- 1. 建立诚信与坦诚的文化 ... 205
- 2. 建立公开与透明的文化 ... 206
- 3. 建立平等与包容的文化 ... 207
- 4. 建立开放与协作的文化 ... 208

二、建立一种追求卓越的文化 ... 210
- 1. 敢于冒险，鼓励探索和尝试 ... 211
- 2. 聚焦机遇，而非纠缠于问题 ... 212
- 3. 放大格局，而非局限于自我 ... 212
- 4. 放眼未来，而非驻足于过去 ... 213

致谢 ... 215

参考书目 ... 218

第一篇
形成开放式思维
提升前瞻洞察力

"今天不是互联网冲击了你,是落后的想法冲击了你。"

——阿里巴巴集团董事局主席　马云

"世界上只有两类企业——一种在不断变化,一种被淘汰出局。"

——洛克希德-马丁公司董事长兼首席执行官

诺曼·奥古斯丁

翱翔蓝天，云层之下群山林立，企业很容易被低水平的恶性竞争所淹没，而一旦穿越云层之上，视野里就只有少数几座山峰了。而转型就要紧盯着这云端之上风光无限的奇妙风景，唯有如此，企业才能进入更高维度的竞争。盯住云层之上的对手，开始追赶的征程。

企业在发展到一定阶段时，遇到最大的挑战是企业领导者的认知瓶颈及思维惯性。经验依赖、路径依赖，把企业关键绩效指标完成，不冒险，不尝试新的突破，按部就班。网络经济时代需要企业不断尝试新东西，把挑战和变化当作机遇。如果对环境变化存有焦虑，那么很可能是企业领导者的思维方式错了，如果思维方式没错，应该看到的是机会。对于那些勇于创新的企业和企业家来说，今天是从未有过的商机，如此丰富和多元化。

企业面临的另一个大的挑战是组织的思维惯性，一个企业组织在平稳发展之时，最可怕的是怠惰，是组织疲劳，是故步自封，活在曾经的成就上，活在过去的功劳上。这样的组织已经开始自己淘汰自己，不是因为环境或者技术，更不是因为竞争者。

现实中人们往往习惯于自己熟知的方式，而改变意味着打破习惯，最优秀的管理者能够承认自己知识的局限性，并给予自己不了解的东西一定的空间。有的人总喜欢否认自己不熟识的事物。

一些看似不可能做的事情，一旦你的思想获得了解放，就会变成力所能及的事情。在商业竞争激烈、技术变革飞速的互联网时代，企业经营者需要不断突破传统思维与经验的束缚，提升自己的经营格局和境界，通过

第一篇　形成开放式思维　提升前瞻洞察力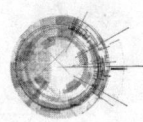

对企业经营本质的深刻理解和对互联网时代新的经营规则的深度把握，对新经济时代经营管理变革确实有一个系统的认知升级。同时。以宽广的视野，巨大的魄力、开放的心态推动企业走向变革之路。你当然可以选择不这样做，但你的竞争对手肯定会这样做。你可以坐等竞争对手摸索出率先示范，然后把你逐出竞争游戏；你也可以主动出击，现在就抢先做一个创新引领者。

无可否认，机遇总是眷顾那些发现新趋势并快速做出反应的企业，管理者必须时刻观察周围世界的微小变化，形成对新机遇的敏锐洞察力。同时，企业过去存在的关于技术、企业文化、管理方式等方面的定向思维等，这些都严重阻碍了企业的创新与发展。因此，只有不断推陈出新，才可能取得持续发展。

一、用户中心思维，从"理念口号"到"行动准则"

1. 经营理念是用来实践的，而不是用来标榜的

"一切以用户为中心，其他一切纷至沓来"，谷歌公司的这句话已成为经典。企业应以客户为导向的理念早已被企业界广泛接受。但在现实中，企业的实际做法并不总是这样：企业在开发新产品时很少认真考虑过客户，供应商和制造商的经理们决定了何时生产、生产什么、生产的成本以及产品将有的功能，甚至他们在事前很少征求最接近顾客的员工——市场人员和销售人员——的意见。简单说，就是制造商将产品生产出来，堆进仓库，然后由销售人员向经销客户游说订单、向终端用户做各种花样翻新的推广。这种方式，制造商生产的并不是真正市场需求，而是库存，甚至造成库存占压，带来高昂的成本，制造商推销产品的方式还会引起顾客的各种不满。我们今天发现大量的问题，包括库存、包括积压、包括产能过剩，因为我们对市场根本不了解，只是想当然在做。

许多公司都宣称自己设计了"以客户为中心"的有吸引力的价值观，他们通常以短小易记的口号表述。但是，这些口号大多是肤浅和多变的，缺乏诚意。企业习惯于把经营理念贴在墙上、挂在嘴边唠叨，实际上一点

第一篇　形成开放式思维　提升前瞻洞察力

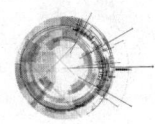

作用都没有,唯有坚信理念并实践理念才有效果。企业需要把口号付诸实践,让它在头脑中扎根,融入自己的呼吸,并成为所有工作开展的行动指南。

我们来看下面几个案例:

全球最著名的管理咨询公司,麦肯锡对客户的五大承诺:

1)客户的利益高于公司的利益;

2)麦肯锡员工工作的最高准则是真实、可信和正直;

3)对于客户的私人和财产信息严格保密,不允许泄露客户的个人观点;

4)坚持公司的见解,如果与客户意见不一致,将如实告之,绝不因为由此而导致的财务上或者关系上的损失而保留麦肯锡的观点;

5)麦肯锡只为那些自己有能力的公司提供咨询服务,并对客户提供毫无保留的服务。

从麦肯锡对客户的五大承诺可以发现,"以客户为中心"的理念,不仅仅停留在口号和一般的管理对外传播的认知,而是切切实实地上升为了公司的最高"行动准则"和最高纲领。也正如麦肯锡咨询公司创始人马文·鲍尔所说:商业道德原则构筑信任并带来利润。

IBM 早在几十年前就把以客户为中心的理念纳入制度了,公司主席小托马斯·沃森说:"我深信,任何要生存下去并有所作为的组织,一定都有一套'以用户为中心'的信念作为一切政策和行动的前提。然后,我相信公司成功的一个最关键因素,就是执着地实践和坚持这些信念,而不是仅仅停留在口头上。"

时任强生总裁詹姆斯·伯克在 1983 年的一次演讲中讲到了强生信条:

我饱含热情,深信这个信条,因为我相信在未来,全社会的每个单位都要服务于它的用户,否则就无法生存。信条中说第一要做的事就是亲近

那些使用你产品和服务的人,如果不这样做,你就会被淘汰,因为别人会这样做。

管理者应该尽一切可能,站在顾客的立场上看问题,以客户的眼光开看待自己的公司。在过去的十年中,"顾客至上"的口号实际上已经应验,制造商推动已经开始逐渐转变为客户推动;产品之所以被生产出来是因为有客户需要,而不是反过来。在互联网时代,只有那些愿意认真聆听客户的"不满意",从而发掘商机的心态开放、身段柔软的企业家群体才有机会胜出。

2. 先创造用户价值,再考虑商业价值

用户已经变得越来越精明,也越来越挑剔。传统销售的手法早就行不通了,诚实、直接和透明则成为更好、更长期、更务实的做法。畅销书《全新思维》作者丹尼尔·平克指出:在信息不对称的世界,指导原则是"caveat emptor"——买家谨慎,在信息对等的世界里,新的指导原则变成了"caveat venditor"——卖家谨慎。在之前,买家要自己解决问题,还面临着若干障碍,因此,他们依赖卖家,因为卖家掌握着买家没有的信息。但今天,信息不对称变成了信息对等,买家能轻松地获取信息,规避之前不可逾越的障碍。所以卖家必须有所作为,才能避免成为不相干的局外人。

比如,我们到市场上买一台新的真空吸尘器。在10年或15年之前,我们只能走进商店,与那些比我们信息更丰富的销售员聊聊,希望他们为我们推荐一台价格公道的产品。如今,我们自己就能解决这个问题:我们可以选择上网,浏览各种产品品牌、型号的口碑,还可以在网上寻求建议,最终锁定几款机型,可以在线比较价格,选择在性价比最高的卖家下单,这个过程已经完全不需要销售员了。

在互联网大潮中取得巨大价值回报的马云也曾提出同样的观点,在乌

第一篇　形成开放式思维　提升前瞻洞察力

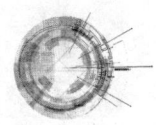

镇世界互联网大会的演讲中，马云谈道："做任何生意，必须想到'3W'，3个'Win'：第一个'Win'，是客户Win，做任何事情，客户首先要赢；第二个'Win'，合作伙伴一定要赢；第三是自己要赢。3个'W'中，少任何一个'Win'，这个生意都没法持续下去。"这里马云所谈到的3个"Win"，正是所有与企业组织有关的主要利益相关者——与企业这个组织密切相关的人的"共赢"。

下面我们再看一个麦当劳的案例：

1954年，雷·克拉克创办了麦当劳，当时餐饮业已经有很多财力更强、经验更丰富的竞争对手逐鹿快餐业，他们把工厂的科学管理方法引入餐馆业，雷·克拉克紧随其后，最终赶超竞争对手成为排头兵。但有一个方面他没有效仿其他人的做法，雷·克拉克以前曾经是快餐业的供应商，他知道特许经营公司把加盟店看成是自己的农奴，抓住每一个机会盘剥他们。这让雷·克拉克看到了一个更简单的道理，他深信，"我必须千方百计帮助那些加盟商获得成功，他们的成功会确保我的成功"。所以他制定了一个政策，麦当劳永远不许成为加盟商的供应商，放弃了快餐业传统上一个主要的利润来源。他解释说："你一旦成为你的加盟商的供应商，他就会更关心你卖给他的东西带来了多少利润，而不是你卖的东西好不好。"

判断一家企业是否伟大，不在于其创造了多少市值，产生了多少千万富翁、亿万富翁，而是给用户创造了多大的价值，那些"小而美"的公司，虽然规模不是很大，但同样令人尊敬。在国内，有些企业是靠给用户制造问题，而不是通过解决问题来赢利。太多的事实证明，那些不为用户创造价值的企业，即使能获得商业价值，也注定是短暂的。

移动互联时代，用户需求日益呈现出碎片化、个性化、体验化的特点，用张瑞敏的话说就是：互联网时代，客户由"固定靶"变成了"飞

靶"。而要"打中飞靶",企业就必须突破原有的商业模式。为此,企业在指导思想上要实现由生产型向服务型转变。由原来以厂商为中心的、大规模生产、大规模促销和低成本竞争的 B2C 模式,转变为以消费者为中心的、个性化营销、柔性化生产和精准化服务的 C2B 模式。企业领导人首要的关注点,应该放在用户体验身上,而不是公司的快速增长上面。

要保证股东的长期利益,公司必须首先为顾客以及合作伙伴创造价值。

3. 从售卖产品到经营用户

一定要从产品思维向用户思维转移,企业要学习的不是怎么卖东西,而是怎么去服务别人、经营客户、学会服务。一切不是以企业为本,不是以成本为本,不是以资源为本,而是以人为本。不断顺应客户的生活方式来提升顾客体验。只有如此,企业才能走向持续成功。

麦肯锡创始人马文·鲍尔所说:"我们没有顾客,我们只有客户。"因为客户和顾客的本质不同,不在于使用的是否是专业服务,而在于你跟客户的关系,是你照料和保护他的利益;而你跟顾客的关系,只是你把东西(不管是产品还是服务)卖给了他。

因为企业价值是由客户,尤其是老客户创造的:

- 1 个满意的客户会引发 8 笔潜在的生意,其中至少有 5 笔成交;
- 1 个不满意的客户会影响 25 个人的购买意向;
- 开发新客户费用是保持一个老客户 4~6 倍;
- 向新客户推销产品的成功率是 15%,向老客户推销产品的成功率是 50%;
- 客户保留率上升 5%,利润增加 70%;
- 客户忠诚度下降 5%,企业利润下降 25%;

第一篇　形成开放式思维　提升前瞻洞察力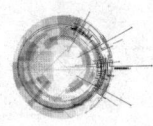

- 每年的客户保持率增加5%，利润将达25%~85%；
- 60%的新客户来自老客户推荐，20%的客户带来80%的利润。

在价格竞争为主的时代，企业以经营产品为中心，追求效率至上。但在以顾客体验竞争为主的时代，企业必须以经营顾客为中心，追求创新至上。在过去，市场营销的考虑重点是如何让顾客尝试购买自己的产品；在网络经济时代，市场营销考虑的重点是如何让用户第二次、反复持续购买自己的产品。企业必须以经营用户为中心，其成败的关键就在于是否具有卓越的用户体验。用户评价是最直接和客观的力量。

4. 真实可信成为无法忽略的存在

互联网时代，企业之间的竞争将是用户选择权的竞争，企业组织将是资源和用户之间的双向交互平台。互联网就像一个没有边界的城市，挤满了各种商家，上面几乎可以找到任何你可以想象的产品和任何你可以想象的价格，人们只需借助电脑或手机几乎可以买到他们需要的任何东西。但是，这就是购买者真正想要的吗？不全是，人们不需要眼花缭乱到令人无从下手。他们喜爱选择，但他们需要一个高效的流程来选择，有一个流程来协助顾客缩小他们的选择范围或帮助他们选择适合自己口味的东西。

在一个充满了选择和替代品的世界里，清晰、真诚、可信是如此重要，限制人的选择余地，框定人的选择范围，帮助他们头脑更为清晰地看待这些选项，而不是让多余的选项压垮他们。企业应该忠诚于自己长久以来所持的信仰，在产品、服务和行动中坚守自己的价值观念，始终做到名副其实、真实可信。

在《一网打尽》中，亚马逊·贝佐斯所强调的："我们一定要真心为顾客着想，要具有长远的眼光，而且要有不断创新的产品出现，大多数公司做不到这些。他们把目光放在竞争对手身上，而不是消费者身上，他们

想从事两三年就能赢利的产业,如果短期内没有回报,他们就会转向其他行业。他们喜欢做跟随者,而不是创新者,因为前者保险系数更高。亚马逊成功的秘密,就是我们的与众不同。"

企业以一个价值的创造者的身份而存在,没有人能强迫顾客一定消费你公司的产品,顾客可以有其他的无数种产品选择,你的员工也可以在其他地方工作,你的供应商可以向别的公司出售他们的产品,你的投资商可以投资其他的公司,你的商业核心是自由交换。所以,企业只有创造独特价值才有长期存在的理由。公司只有为顾客、员工、供应商、投资者创造了价值,为政府提供了税收,向非盈利机构捐了款,才能看到商业的美和善。你想要一个好的目标,就要考虑到所有的利益相关者。

5. 同用户保持零距离

看一个公司,只要看它的报告体系,就是向谁来汇报,就能窥得公司的组织管理现状。在很多口口声声以用户为中心的组织中,依然是向上级领导汇报,对上级领导负责,让上级满意,而不是直接倾听用户的声音,感受用户的体验,对用户负责。"上级"是各种行为的裁判,"用户"和企业之间存在着巨大的距离。在互联网时代,用户和企业之间的距离可以无限接近,他们可以无缝隙实时连接,商业机会就蕴藏在同用户零距离的接触中。因此,如何做到全员面向用户,同用户零距离,是组织变革面对的第一项挑战。我们平时所说的渠道扁平化,不应只是减少中间环节,去中间化,实质上更应该是不断缩小公司和消费者间的距离。

宝洁公司坚持同用户保持零距离和供应链的透明,认为这样能使公司的关注点集中在消费者的需求上,消费者的需求推动了宝洁公司的供应战略。保洁公司有两个"真相时刻":客户从商店货架上选择的产品和产品在客户家里的最终用途决定了公司将生产什么产品。

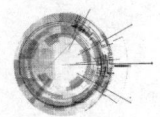

二、使命驱动成长，找到"不止于利润追求的意义"

使命是企业存在的目的和意义。一个企业如果没有自己的使命，就不会知道自己存在的意义与价值。中国缺乏真正伟大的企业，其根本原因就在于使命感的缺失。缺乏使命的企业，在做重大决策时，往往就会陷入机会主义、投机主义。盲目多元化，什么赚钱做什么，最终都逐渐放弃对本行业的坚守。使命感让企业有远见，眼光独到，看到别人看不见的地方。

1. 成功的企业往往几十年如一日都在做一件事

星巴克创始人霍华德·舒尔茨在个人传记中写道："在人们被众多争端割裂为零散个体的年代，我们渴求建立人与人之间的联系；在偷工减料成为潜规则的日子里，尽管成本增加，我们仍然依据践行者的道德准则——这都是让我们倍感荣耀的坚持，是我们对核心价值的追求。在咖啡从土壤到杯子的旅途中，存在着太多的歧途，如果每个环节都能准确无误，便可以成就一件完美之作。毕竟，咖啡不会说谎。每一次浅啜都是在品味艺术\技艺，甚至人性。"

沃尔玛的使命：不是低价，而是为客户省钱。正如沃尔玛总裁兼首席执行官李斯阁所说："在沃尔玛，我们的使命是：帮助客户节省开支，让

他们生活的更好。"这不是一个随便的口号。沃尔玛是这样说的,也是这样做的,它源自于沃尔玛的每个员工,从收银台小时工到食品百货部经理,再到在沃尔玛工作时间最长的管理人员。沃尔玛成员每一天的工作、在每一家店、所做的每一件事情都围绕着这一宗旨。同时,沃尔玛一直恪守绕开中间商,直接从工厂进货,采取薄利多销的经营战略。沃尔玛能够做到天天低价,就是因为它比竞争对手成本低、商品周转快。

山姆·沃尔顿这样解释沃尔玛的使命:"我们的存在是为顾客提供价值,这就意味着除了质量和服务,我们要为他们省钱,毕竟沃尔玛浪费的每一美元都出自顾客的口袋。每帮他们节省 1 美元,我们就在竞争中前进了一步——这是我们始终追求的目标。"这份宣言,清楚、简练、激励人心。贺曼卡片公司的创始人乔伊斯·霍尔在自传《真的在乎》中写道:如果一个人是抱着赚一大笔钱的目的经商的话,他很可能失败;但如果他把服务和质量放在第一位,钱就自然会找上门来。

2. 利润只是为客户提供优秀服务的"副产品"

德鲁克说:财务数字只是企业经营的结果,而非原因。商业世界痴迷于短期利润而牺牲企业的长远健康和更大的社会利益,商业世界的贪婪和自利战胜了原则。正如正和岛创始人刘东华所讲:企业家只是财富的受托人。

惠普公司创始人大卫帕卡德,1960 年在一次面对惠普管理者的演讲中提出:"企业之所以存在,就是为了'做些有意义的事情,为社会做一份贡献'放眼四周,我们仍然能看到那些只盯着钱的人,但是多数人之所以有动力前进,是因为他们想要做一番事业:制作一款产品,提供一种服务。一言以蔽之,就是想要做些有意义的事,顺便赚点钱。换句话说,企业除了要赢利之外,必须负有责任,想把世界变得更好,也只有这样,企

第一篇　形成开放式思维　提升前瞻洞察力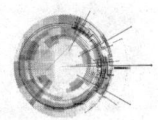

业发展才可能长远。"

亚马逊，一家让华尔街又恨又爱的企业，分析师们讥讽亚马逊的年投资回报率只有4.5%~6%，需要6个季度才能回收投资，但贝佐斯一直执着于信念，他在2009年致股东的信中得意洋洋，甚至自大地写道："在我们452个目标中，净收入、毛利润和运营利润等字眼一次也没出现。"贝佐斯强调的是客户体验，在致股东的信中，他说"在客户体验面前，我们已经设置了非常高的门槛，并且有着异乎寻常的不断改进的紧迫感，我们要基于长远创造更好的客户体验。"贝佐斯有一个公开的电子邮件，他会阅读大量的顾客投诉，在邮件中加上一个"？"，然后把电子邮件转发给相关的部门负责员工。

传统的经济模式是，制造电商企业将商品卖给消费者，就完成了销售任务，电视是耐用消费品，企业巴不得顾客从此再也不来麻烦自己，用大量的广告手段吸引新顾客。在网络经济时代，企业必须依靠顾客持续购买才能产生规模收益。顾客在购物乃至商品整个使用过程中感觉舒服，才能反复购物。

因此，找到股东利益与社会良知之间的平衡，找到利润与人性之间的平衡，如果仅仅一味地追求利润，最终将会带来"不可避免的灾祸"。正如美国天然食品超市创始人约翰·麦基所说：我们从来没有试图想出一个颠覆性的商业模式，我们只是想要完成我们的使命任务，而这个使命任务是破坏性的。

3. 一家公司首要的是想清楚自己的使命在哪里

一家伟大的公司都是靠理想和信念支撑的，使命决定着一个公司要抵达的终点。也就是说，你要去哪里？以及为什么去？使命不是挂在墙上招来灰尘、惹人讥讽的牌匾，也不是堆砌一些晦涩、华丽的辞藻或是满是琅

琅上口的口号。比如:"敢于失败""服务客户""专注,专注,再专注"……看了这些至理名言,人们总是坚信不疑的,但在具体开展工作时,大家专注的重点到底是什么?还有谁会把这些当回事儿?如此一来,这样的豪言壮语又有何意义呢?毋庸置疑,这些口号都是以结论形式示人,看似饱含着智慧,但这些口号无一能为我们指点何去何从,也不能告诉我们究竟该将精力专注于何物。

创办一家企业,绝不只是简简单单的生意,诚信、信誉、正气、契约,这是商业伦理的基础和要求。一家企业只顾自己活着还是不够的,还得帮助其他人活得更加充实。我们重视什么,我们的信念是什么?我们想要成为什么样的企业?我们希望企业在实际行动和制定决策时采取什么样的方式?毋容置疑,答案中一定包含着创始人的价值理念。拥有了使命感,对于每一个耀眼的新技术或流程,我们都可以问:这是否有利于帮助我们实现使命。如果没有帮助,再好的技术也与自己无关,而无需左顾右盼,顾此失彼。你是谁?你在做什么?你的公司重要吗?用三个问题锁定公司的未来——试想:没有你和你的公司,世界会不会黯然失色?

让我们看一下星巴克创始人舒尔茨在星巴克创立之前经营的"天天咖啡"的使命宣言:"我们将提供上等的咖啡以及相关产品,力求帮助顾客精力充沛地开始他们一天的工作。我们真诚地致力于发展顾客,绝不在道德标准上做任何妥协或者完全向利润看齐……我们的咖啡将完全颠覆人们对饮品的认知,我们会将品质、业绩以及职业价值观植入每天的服务中,这样,我们一定能赢得顾客对我们的尊重以及忠诚。"也正是这种强大的使命感,为公司吹响了前进的号角,鼓励着大家去适应那既令人畏惧又让人觉得刺激的冒险之旅。

4. 经营创新的核心是对使命目标的直觉和坚持

没有情怀,没有坚持,只是想投机,创业就会成为巨大的沼泽地。真

第一篇　形成开放式思维　提升前瞻洞察力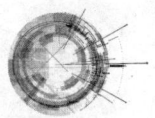

正伟大的商业业态，都是超越利益的执着。

我们必须用实际行动去换取"卓越"。别人承认的卓越才有效力，我们自诩的卓越只是空话。避免口号与实际脱轨，这是优秀企业领导者应当遵从的底线。如果一个产品不适合公司的使命和未来，就可以考虑有计划地放弃它。使命成为企业行事的基础，也能防止企业偏离正确的轨道。

不要因为技术或管理本身而急于追求最新的技术或管理模式。人们很容易被表面上的所谓创新所诱惑，但它可能最终被证明和组织的核心使命无关。或者更糟糕的情况是：表面的创新增加了不必要的复杂性，并最终成为企业顺利运行的一个障碍。

通用公司的核心业务是创造新产品和新服务，从而为公司创造新市场、新行业，以及显著的新价值。换言之，对通用电器及其他对于颠覆式创新者来说，使命始终如一，改变的只是工具。对于一家成功的企业来说，在正确的地方，正确的方向，执着地坚持做正确的事情，最后就获得了伟大的成功，就是这么简单！

即便企业曾一度迷失，只要不远离使命信仰，任何时候都可以获得重生；即便企业曾经一时被战胜，只要坚守使命愿景，任何时候都可以卷土重来。做那些对用户最有利而不是对销售额最有利的事情。

5. 探索和定义所做事情背后的价值

追求意义，顺便赚钱。让我们看一下那些取得伟大成功的企业的使命宣言吧。

阿里巴巴：让天下没有难做的生意，将无数个中小商家链接到一起，让消费者最快速找到适合自己的产品。

滴滴出行：将车辆连接到一起，让乘客第一时间找到适合自己的车。

腾讯：通过互联网服务提升人类生活品质。

饿了么：将无数个餐馆连接到一起。

携程网：将无数个酒店、宾馆连接到一起，让消费者在需要的时候第一时间找到所需的产品。

58同城：将城市内无数个各行各业的服务商家连接到一起，在需要帮助时提供信息服务。

苹果：将全球软件工程师连接到一起，让消费者选择下载适合的应用软件。

当当网：将书籍连接到一起，让人们自由选择。

亚马逊：提供海量的货源，并以超低的价格提供最具吸引力的便捷服务。

脸谱：让世界更加开放，更加紧密相连。赋予全球每个人分享信息的能力，从而让世界变得开放和互联。

星巴克：激发和孕育人文精神，从每个人、每杯咖啡、每个街区开始。打造人与人之间接触的除了家与工作场所之外的"第三空间"，一个介乎于社交和私人空间之间/介于家庭与工作环境之间的场所，激发人类的灵感，人们在这里可以联络感情，也可以在这里反思自己，"星巴克体验"是人际交往中"可以负担得起的必需品"。

百度：从最初的让人们最平等最便捷地获取信息，找到所求，到"用科技让复杂的世界更简单"。到2011年，百度推出了新首页，从"即搜即得"到"即搜即用"，再到"不搜即得""不搜即用"，实现了让用户获取信息从"一步到零步"的跨越。

6. 让员工相信自己的口号和使命宣言

好的使命能够让每个人集中精力、鼓足干劲。使命可以让员工快速高效地工作、和睦团结、热情四射，为自己所从事的事业感到骄傲。大部分

第一篇　形成开放式思维　提升前瞻洞察力

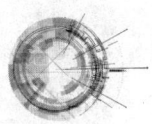

企业的使命宣言中往往堆砌着"以客户为中心""让顾客满意""股东价值最大化"以及"富有创新精神的员工"等陈词滥调。而一家企业是否成功，要看员工是否信服使命宣言中的说辞。一个好的使命会让每一名员工知道自己应该做什么，能让所有人为了实现共同的使命而协同奋斗，产生自豪感，进而形成内在工作驱动力，人们知道自己为什么来这里工作，这份工作既能帮助客户成功，又能拯救世界，他们为此兴奋不已，促成企业全体员工形成共同的习惯动机、习惯观念、习惯思维和习惯动作，当人们为达成使命而全心付出时，他们与公司之间的关系就发生了变化。有了使命感，工作不仅仅代表一个职位更代表了一项事业，员工会在做好本职工作和帮助同事之余，开始关注如何为公司的利益服务。

例如，脸谱的一位软件工程师在参加训练营的时候曾被叫去解决一些漏洞，这些漏洞和帮助视障人士"阅读"的程序有关。她很快就利用业余时间修复了许多漏洞，数量甚至比她被要求完成的还要多。这种类型的贡献并不只是领导者的举措，还是达成公司使命的重要承诺。当看到同事们努力达成使命时，公司带给员工的自豪感会更加强烈。

总之，价值观能让员工和顾客产生共鸣。优秀的价值观包括：共享、联系、尊重、尊严、幽默和人文关怀等。

7. 让使命、行动与结果协同起来

使命、宣言绝不应该只是贴在公司墙上被装裱起来的一张纸，应该有一种敬畏，把使命作为确保指导原则正确的试金石，指导公司沿着既定的方向始终如一地前进，从而不会偏离既定的轨道。

一直以来，谷歌都将"聚焦用户"奉为自己的信条。企业价值观应当简明扼要地阐述出企业最重视什么，以及企业成员最关注什么。正如：通用电气前首席执行官杰克·韦尔奇在《赢》一书中写道："如果你不能时

常传达你的目标,不能通过奖励鼓励你的目标,那么,你的愿景还不如打印愿景的纸有价值。"

"着眼于长远""为用户服务""不做恶"以及"让世界更美好"是谷歌行事方式的真实写照。

"组织全球信息,使人人皆可访问并从中收益"。在一次会议上,大家讨论到对广告体制做出一项改革可能带来的好处。虽然这一改变有可能为公司带来丰厚的利润,但一位工程负责人反驳说这是在做恶,从而毅然决然否定了该项决策。不做恶,这句话真诚表达了谷歌员工感同身受的企业价值观与目标,在做决策时,谷歌的员工经常以自己的道德指针作为衡量标准。每家企业都应"不做恶",这句话就如北极星一般,为管理方式、产品计划以及办公室政治指明了方向。

但在现实中,高尚的企业使命往往与现实的日常工作脱节。我们每天都要熬过无数次冗长的会议,又要处理无穷无尽的工作,可能还有一个令人闻风丧胆的主管在紧紧盯着我们……在这种环境中,我们该如何从每天的琐事中获得高层次的使命感呢?

《哈佛商业评论》分析服务部进行的一项调查发现:90%的高管认为,他们的公司现在已经认识到了"企业拥有激励人心、号召行动……以及造福社会等远大志向"的重要性。几乎所有的领导者都说,有了这样的远大抱负,公司的业绩和员工的参与度都提高了,公司的创新和适应能力也都增强了。然而,只有不到一半的受访高管说,他们公司的运营确实是以使命为导向。

虽然大多数高管认为公司的使命很重要,但是很少人认为他们公司的使命很强大。

理论上

· 如果公司拥有共同使命,员工的满意度将会更高——89%

第一篇 形成开放式思维 提升前瞻洞察力

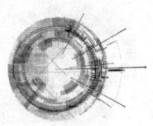

·我更倾向将一个拥有强大使命的公司推荐给别人——85%

·我们的业务改革工作，要是与使命相融合，就会取得更大成功——84%

·如果公司拥有共同使命，改革工作将会更为成功——84%

·以使命为导向的公司能提供更高品质的产品或服务——81%

·如果公司拥有共同使命，客户的忠诚度将会更高——80%

现实中

·我们公司的战略反映了公司的使命感——50%

·我们的公司拥有强大的共同使命感——46%

·我们公司高管和员工的使命不一致——41%

·我们的员工很清楚地了解公司的使命，并致力于实现公司的核心价值观与信念——38%

·我们的业务模式和运营方法和公司的使命一致——37%

一位CEO说："如果你半夜把我们的任何一位员工叫醒，问他公司的使命是什么，你会得到一个虽然真诚但却一般的回答：客户为上。不过，服务客户背后的更广泛目的，在日常业务中不会被阐述，更别说是灌输在商业精神中。"

三、平台共创思维，从"交易交换"到"共创共享"

1. 未来组织的新形态——平台

当工业文明被信息文明全面取代的时候，公司，这个工业时代的最重要的组织创新必将被超越。未来的组织需要超越传统的公司运作方式。为了更好地理解，我们回顾一下历史上新旧更迭的情形，19世纪蒸汽机革命发端于英国，出现了工厂，主要的生存方式是掠夺资源、奴役员工；20世纪电力革命发端于美国，产生了公司，主要的生存方式是控制电力、水源以及蓝领劳动力等资源、满意顾客、管理员工；到21世纪互联网革命发端于美国，强盛于中国，产生了平台，主要的生存方式是整合资源、讨好顾客、服务员工。

在工业时代，公司有着确定的边界，公司与合作伙伴之间是交易交换、供销买卖关系，公司与消费者之间是交易交换、单向买卖关系，甚至与员工之间也是交易交换、雇佣与被雇佣、管理与被管理的关系。员工需要经过许可才能开展工作，而且使得人们通过协同合作来提升工作效率，这要比他们在公司外各自工作更加高效。在新商业时代，平台是由一个企业创建的基地，使得其他企业可以在其基础上创建产品和服务。第一批被

第一篇　形成开放式思维　提升前瞻洞察力

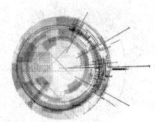

广泛使用的成功平台之一就是微软操作系统（Operating System，OS），任何有雄心的人都可以创建并销售能够在微软拥有的OS平台上运行的软件。不同水平彼此依赖的产品和服务，组合成了一个基于平台的生态系统。平台就像一个雨林、一个物种（产品），其成功是建立在其他共存物种的基础之上的。在互联网时代，企业必须将自身连接到互联网中，连接产品、顾客、供应商、合作伙伴及企业本身，形成一个创造价值的共享平台。

平台是一个载体，一种环境，一套系统，它是让人发挥才能、实现目标的资源综合。所谓平台思维，就是充分整合和利用资源。提供法则和模式，让外部资源自动参与形成生态系统。如要解决交通压力，不用增加更多汽车和司机，一款"滴滴打车"免费软件就让乘客与闲车建立起联系，从而搭建起全新的资源供给体系，创造新的消费行为及市场。"滴滴打车"每天为超过1亿的用户提供召车服务，却不用增加新的车辆和人力投入，就是通过整合资源创建平台而实现的。互联网时代最成功的领导者，是那些懂得如何创造平台并快速发展平台的人。所谓平台，从本质上来说就是一套能够吸引供应商及用户群，从而形成多变市场的产品或服务，互联网极大地激发了建立平台的能力与需求。据相关统计资料显示：全球百大企业里，有六十家企业的主要收入来自平台商业模式，如谷歌、苹果、阿里、腾讯等。爱彼迎（Airbnb）是一个旅游住宿平台，打车应用程序滴滴、优步（Uber）提供个人出行服务。

传统的层级组织架构，更多强调资产的"专有性"和"一体化"竞争优势。而在平台型组织架构下，企业更加重视资产的"互补性"和"生态圈"竞争优势。外部环境的快速变化，已经不给企业"单打独斗"来完成一件事的时间。突破组织边界，团结一切可以团结的力量，已然成为互联网时代组织变革的新要求。

2. 平台最重要的功能是赋能，而不再是管理或激励

在工业经济时代，以泰勒制为代表的科学管理的普及，工作被知识化，强调的是标准化，可度量概念。公司这种新型组织正是随着科学管理思想的发展而兴起。随着管理革命的兴起，知识成为超越资本和劳动力的最重要的生产要素，相应地，管理的重心转向激励，特别是动机的匹配。

在新商业时代，在可预见的未来，机械性的、可重复的脑力劳动，甚至较为复杂的分析任务，都会被机器智能取代。未来社会最有价值的人，是以创造力、洞察力、对客户的感知力为核心特征的。创意人才们的最主要的驱动力是创造带来的成就感和社会价值，自激励是他们的特征。这个时候他们需要的不是激励，而是赋能，也就是提供他们能更高效创造的环境和工具。

3. 平台是舞台，消费者是主角

互联网时代，消费者不再被动接受商品和服务，而是乐于参与价值创造。当一个商业空间只是一厢情愿地艺术表达，"强势"彰显自己的风格，一副不容亲近的姿态，身处其间的消费者的体验必定受到破坏，进而牵连到空间的产品被损害，最后伤及企业品牌。反之，当一个空间是开放的、包容的，欢迎消费者参与重塑，那么将大大增加创造未知的、丰富的可能性。消费者一旦成为主角，会自觉分享他们的感受和空间信息，这样的体验让消费者感觉被重视，其深层次的情感需求被激发且被满足，进而会同品牌建立强烈的、正面的、独一无二的情感联系。

当然，平台思维不是搭个台就行了，它必须把"开放、创新、协同、共生"这些精神融入进去，让这个平台有灵性、有生命。平台思维面对的是所有的资源，会创造出前所未有的模式和效率。将合作客户作为为终端

第一篇 形成开放式思维 提升前瞻洞察力

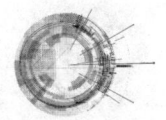

客户创造价值的利益共同体、合作伙伴。

互联网时代,企业核心竞争力就是来自于在全世界范围内动态重构资源的能力（R=G）,与客户共创个性化价值（N=1）；另一方面,向行业或社会开放自己独特的专业能力。在今天,最富有的以及最具破坏性的组织机构几乎都是多边平台,比如苹果、微软、谷歌、脸谱等公司,所有这些企业巨头都借用第三方供应商来增加其平台的价值,并且普遍开放API的使用来促进和鼓励他人参与进来。像优步、阿里巴巴、微信、安卓,以及爱彼迎、来福车都是新兴的已获得广泛成功的多变市场,它们各自由一家公司运作,促进生成由衍生但相互依赖的产品和服务构成的强劲的生态系统。提升平台生态能力,为参与者创造更多价值。

传统来讲,我们通过生产和销售更多车辆,或者组织车队的方式来解决出行的问题。而像来福车（Lyft）这种基于平台的解决方法则是在消费者与那些想要赚些外快的车主之间建立直接联系。通过这种方式,一个全新的资源供应体系得以创立,也正是基于平台的解决方案越来越重要这一事实,安飞士租车（Avis）收购了Zipcar。

酒店通过在全球范围内部署新店,来解决游客的住宿问题。爱彼迎在没有做任何行业内部投资的情况下,通过将拥有空床或是空房间的个人变成bnb业主的方式,同样解决了这个问题,也造福了全球的旅客。

创新过程是生产者和消费者共创的过程,生产商统治创新的时代已经过去,用户创新的时代已经到来,企业的创新过程将是一个与消费者共同实现的过程。

创新实质上也是激发大众创造力的一个过程。托夫勒所称的"产消者",既是生产者,又是消费者。正如创新大师拉里·吉利所洞察的,"没有人会比任何人都聪明"。或者像克莱·舍基说的:"大家一起来",让受众中的每一个人参与进来,企业退居幕后,只需对大众智慧创造的产品批

准放行即可。

滴滴打车通过滴滴约车平台,整合和动态重构了出租车服务于私家车资源,为用户提供实时的、个性化、贴身式的出行服务;美团、饿了么通过自身平台整合和动态重构了餐饮店资源,为用户提供实时的个性化、贴身式点餐送餐服务;逻辑思维通过整合和重构了信息知识资源,为用户提供"有种、有趣、有料"的知识学习服务;京东商城整合和动态重构了商品资源,为用户提供个性化、多快好省的购物服务;途家网整合和动态重构了旅游闲置地产,为用户提供旅游出行个性化服务;苹果通过苹果手机在全球范围内整合和动态重构了应用软件开发者资源,为客户提供个性化智能互联体验。

4. 平台思维的本质是共创共享

工业时代使我们习惯于线性的思维模式。从事制造业的公司通过采购并加工原材料,最后将已成型的产品投放到销售渠道中赚钱。服务行业通过雇佣更多的人来保证供给。传统的模式都是通过在行业内创造新的库存来解决用户需求的。企业以往的网络往往都设在内部,旨在降低成本。

互联网让我们创造在线平台成为可能,这些在线平台允许企业从外部创造新的资源。在传统工业方式在缩紧供应和商业运作的同时,平台方式正逐步成为一个拥有外部协同供应者的生态系统。找到与自己企业的基本信念和价值观相匹配的合作伙伴,与供应商、合作伙伴相互信任、共享数据。

公司与经销商、合作伙伴的关系,从简单的交换交易关系,转换为利益共同体、发展共同体关系,转换为共创共享的关系。消费者也不再只是一个单纯的服务和产品接受者,也开始更多地参与到价值创造中来。平台与消费者的关系是你来我往的双向关系,消费者的需求得到了倾诉,还拥

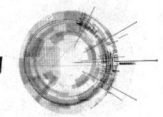

第一篇　形成开放式思维　提升前瞻洞察力

有为商品和服务评分的权利。

未来公司的成功之道是聚集一群聪明的创意人才，营造合适的氛围和支持环境，充分发挥他们的创造力，快速感知客户的需求，愉快地创造相应的产品和服务。

通过平台建立，平台间可以实现资源共享、合作互赢的优势。微信、支付宝等平台已经通过确立平台思维，整合资源，最终实现发展和壮大。事实告诉我们：不在于你有多少资源，而在于你能整合多少资源，你能搭多好的台，就能做多好的事！

平台思维，就是帮助有不同需要的人搭建一个沟通的桥梁，举个最简单的成功案例就是淘宝，它本身并没有物品仓库，也没有快递物流，它只是用几台电脑构建了一个沟通平台，让有仓库和货品的人在平台上得到展示，让有需要的人在平台上找到自己需要的货品，而淘宝可以轻松从中得到广告、中介、支付等收益，有货品的商家也省却了门店及寻找客户的费用，购买货物的人也可货比三家，成本低廉，省却了跑腿寻找的时间，大家实现共赢，还成倍地提高了效率。当然，这只是电商中的一个案例，平台化的本质是给创造者提供共同创造和共同分享价值的机会。

5. 平台具有正向激励的特质

概括地说，平台就是为商家和用户、商家和商家、用户和用户之间搭建渠道，而且这个渠道有正向激励的特质，交易的一方越多，越能够刺激交易的另一方快速增长。就如"电话效应"，使用电话的人越少，电话网络的价值越低，当使用的人越多的时候，也对其他人的进入产生了强刺激力。更为重要的是，这种高效的自我繁殖，对平台成本的增加几乎可以忽略不计，这也正是平台的魅力所在。

优步、爱彼迎、Palantir等美国的独角兽企业75%运用了平台模式盈

利或者是扩展流量；蚂蚁金服、小米科技、滴滴快的、陆金所等中国企业的这一比例更高，有94%的企业运用平台模式或者是部分运用平台模式，打造生态圈。平台带来的商业革命已经改写了现在及未来的企业生存规则，这股浪潮已经从互联网行业蔓延到了其他很多企业，如果说过去10年是平台商业模式在互联网行业的爆发期，那未来10年，将是平台商业模式在传统行业转型应用上的黄金时代。这是因为，一些传统行业价值链过长、协同性不高，行业过于强调标准化而难以满足个性化需求，专业化导致的各自为政等痛点，可以运用平台转型缩短产业链，带来丰富性和多样性，进行跨界整合，借此达到"去中心化""去中间化""去边界化"转型。

6. 平台具有开放的特质

平台思维绝不仅限于一个企业组织内部，还要与社会化资源平台相结合，以整合全球的各种资源；平台可以让所有的用户参与进来，实现企业和用户之间的零距离，同时，企业与合作伙伴之间也需要前所未有的开放。

在互联网时代，用户的需求变化越来越快，越来越难以捉摸，单靠企业自身所拥有的资源、人才和能力很难快速满足用户的个性化需求，这就要求打开企业的边界，建立一个更大的商业生态网络来满足用户的个性化需求。通过平台以最快的速度汇聚资源，满足用户多元化的个性化需求。所以平台模式的精髓，在于打造一个多方共赢互利的生态圈。

成功要归功于将自己的流程和其供应商以及分销商的流程加以整合的明智之举。2014年正式上线的车享网，是中国首个汽车行业的O2O平台，为消费者提供买车、用车、售后、保养等一条龙服务。车享网不仅服务上汽集团自己生产的汽车、自有品牌的经销商和服务商，也欢迎其他汽车维

第一篇　形成开放式思维　提升前瞻洞察力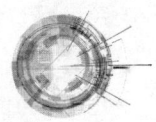

修、保养、服务厂商的入驻，为其导流，同时满足消费者的全面需求。为避免内部冲突，车享网规划分阶段逐步实施，先聚焦自有品牌，拉动服务合作者加入平台，之后再考虑竞争品牌和销售环节，这样避免了与原有业务冲突过大而受到集团内部制约。

塔塔 Nano 微型车案例

塔塔创新型的生产模式对供应商是完全透明的。塔塔为了制造出印度穷人买得起的汽车，抛弃了先计算生产成本，然后在此生产成本上加上一定的利润空间的传统定价法，而是，先确定了目标客户能承受的价格，然后再计算如何实现这一目标。为此，邀请了供应商一起寻求如何大幅度降低汽车部件的重量和成本。从引擎材料、发动机冷却系统、转向系统、车轮、车胎、座椅系统到挡风玻璃和雨刮，塔塔的供应商齐心协力，以减轻 Nano 的重量和成本，创新随处可见，塔塔、设计所和供应商之间跨企业的流程协调显示了奇迹般的效率。

此外，塔塔也寻求在分销环节通过与合作伙伴协作降低成本，塔塔不是在自己的生产基地装配好整车，然后将其运送到经销商处。而是以套件的形式将车出售给经销商，该套件包括了汽车的各种零部件，运送到经销商处，由经销商在自己的车间装配。同时，对其他愿意加入到组装和销售中来的创业者也大开绿灯，此举颇受欢迎。而在此期间，塔塔要做的就是培训装配人员并监督装配的质量。

案例：Threadless

传统的服装生产线，由公司内部的设计师提供设计，而 Threadless 则是通过外部的设计师来设计新的 T-shirt 款式和图案，这些设计师的作品，不仅会因为受到公司内部的认可，而获得相应的报酬，同时，一旦他们的

设计被最终采纳,设计师还可以拿到 T-shirt 的销售提成。设计师的作品评级制度是公平的。Threadless 给外部设计师们提供的奖励、工具和公平,跟任何传统服装公司能给内部设计师所提供的是一样的。

第一篇 形成开放式思维 提升前瞻洞察力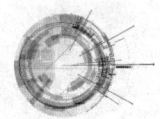

四、互动交互思维，从"单向传递"到"客户参与"

1. 从"单向传播"到"双向互动"

互联网时代，用户和企业之间的距离无限接近，他们能无缝隙实时连接，商业机会则蕴藏在同用户零距离的接触当中。越来越多的商业领袖们已经意识到，未来的企业竞争将是用户选择权的竞争，企业组织将会是资源和用户之间的双向交互平台。用媒体当量吸引眼球的"单向控制"的传播模式，是依靠媒介当量而不是品牌创意、依靠知名度驱动而不是美誉度驱动的传播模式，正在受到强大的挑战。

互联网的本质是与用户的零距离接触，获得用户的终身价值。过去，互联网更多的是在与客户做"交易"，而不是做"交互"。通过互联网，和目标群体建立起互信，进而建立起互动的交流，这种互动将帮助企业与客户共同实现目标。

在企业全球配置资源的价值链中，最高端的，也是最困难的是整合智力资源，让散布在全世界的智力资源归结成集体智能，形成共创性企业，而互联网让这一切成为了可能。

在新商业时代，生产力的重要性越来越低，建立关系成为最主要的经济活动。通信技术与全球化正在增强通常意义下的关系，并把它们转变成

令人兴奋的"超级关系"——超越了时空、距离和形式的约束。

小米的 MIUI 系统每周五更新，会选出 4 到 5 个推荐的功能，即用户投票选出"最有爱更新"。获得投票第一名的工程师和设计师团队会获奖赏。因此，所有人都不是为了一个数字去奋斗，而是为了用户满意。用户是否满意，你不用去找各种指标来评定，用户通过投票就可以告诉你。员工做得好不好，上级说了不算，用户说了才有用。MIUI 的负责人洪峰说："这样在工程师和用户之间就建立起一条纽带，用户觉得爽，员工就会感到自豪，因为有几十万用户的支持。"

用户对于参与制作和更加深入互动的热情，而不是被动做出选择，是一种巨大的力量。当一个公司像亚马逊、谷歌、eBay、脸谱网以及大部分平台那样，通过公共 API 将其部分数据库开放给用户和其他创业公司的时候，运用这些能力的人，已不再是公司的顾客，而是成为分担开发、销售、研发和市场工作的合作伙伴。

脸谱网上至少有 14 亿的公民在免费共享他们的"信息公社里的生活"，无需支付任何报酬，有 10 亿人次每天花费大量时间为它免费创造内容，他们报道发生在他们身边的故事、经历、添加评论、创作图片、贴酷图、制作视频。他们的"回报"体现在 14 亿个相互关联的、真实的个体所产生的沟通和交往中。他们的回报就是被准许继续留在这个公社里。用户和受众参与网络的方式不断进步、不断更新。

2. 客户参与，是滋养创造力的土壤

零摩擦参与，塑造友爱的互动。传统经济模式下，企业与客户、合作伙伴、员工之间都体现的是零和博弈；互联网时代，技术不仅是管理信息的方法，更是建立关系的纽带。

计算机与通讯系统在各个维度释放上百万的信息碎片，对等关系和实时互动在各个维度中出现。传统模式要颠覆为平台模式，从零和博弈转型

第一篇　形成开放式思维　提升前瞻洞察力

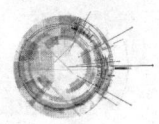

为共创共赢的生态圈，从服务超值转型为用户的终生价值。

企业要学会更好地与客户打交道，与用户做互动的产品体验。大幅度改进员工之间的互动、员工和工作之间的互动及员工和客户之间的互动。通过建立、管理好用户资产，获得用户的终身价值。

用户不是消费者和顾客，而是完全和企业以社群状态融合在一起的。有两个要素，第一个是"零摩擦参与"，第二个是"换边效应"。零摩擦参与是指进入社群和离开的成本都很小，近乎为零，这里的离开主要是指淘汰机制；换边效应是指社群成员身份的自由切换，你在社群中既可以作为个体服务于平台，也可以在平台中发展出自己的"平台"，为其他人提供平台。

目前，海尔"创新社会化开放创业平台"。以车小微为例，社会车辆可以零摩擦参与，进入海尔的物流平台，从海尔获得订单，根据用户的需求、体验和用户的评价来决定他们工资的多少；另外，车主可以实现"换边"，在社区发展用户资源，通过提供服务，转变为创业者。

乐高：分布式共同创造

乐高创意平台（LEGO IDEAS）于2008年在日本推出，2011年推出全球版。在网站上，用户可以方便地注册，提交方案说明（提交的方案非常详细，包括图片、说明）。粉丝对业余设计师的新套件创意进行投票。任何获得10000张选票的创意都会进入审核阶段，然后乐高会决定哪些可以进入生产阶段。所以前期的这个方案征集也是产品上市前的用户互动、市场调研、预热工作。目前为止，该流程已创作出十几个可用的套件，包括由女性科学家组成的模型试验室和大爆炸理论公寓。

乐高也积极和外部合作，如麻省理工媒体实验室，借助外部的研发力量缩短开发时间。而自此之后，乐高公司便利用这类型顾客进行了新点子或机会的探索，同时成立乐高超能战将（Mindstorm）的交流社群，也积极

和教师们共同开发课程,现在超能战将(Mindstorm)已经是许多学校老师教学用教材,藉以启发学生更多的创意。由乐高、麻省理工和使用者社群共同形成了一个包含供应者、合作伙伴顾问、外围制造商和教授等的完整生态系。而乐高也藉由利润共享、智财保护等配套措施完善了开放式创新。

乐高也建立了"design by me"的设计平台,让顾客下载软件使顾客也可将自己的创意上传到乐高的平台中,然后再经过顾客票选,胜出的概念可进入乐高的新产品开发中,最后进行商品化上市贩卖。"design by me"是一个利用群体智慧集结创作的平台,配合开放式创新的政策与相关的知识产权保护,让每一个人都有可能是产品设计师。乐高运用开放式的顾客共创平台,成功地缩短产品开发时程,由原来的24个月降至9个月,同时也大大提升了顾客的满意度。

同时,乐高的开放创新也有利润共享模式,并且成功应用在多个项目中。为了保证利润共享模式的顺利完成,乐高采用了知识产权保护等配套措施。通过分布式共同创造的形式,把志趣相投的各方力量汇聚起来的创新模式,乐高公司是这种创新模式的典型代表。

3. 公司与客户之间的界限日益消失

新型关系模糊了公司与客户的界限,使公司与客户合二为一,一些最了不起的产品正是出于客户之手。在客户与企业建立起的全新关系中,因为客户参与了部分产品的制造,他们就更容易从最终产品获得满足。客户教会企业如何取悦自己,而企业与客户之间形成一种更完整的关系。

正如凯文·凯利在《必然》中所言:当你在加油站自助加油时,你是受雇于加油站,还是为你自己工作?那些站在ATM机前面排队的人是高度进化的银行客户,还是不计报酬的银行柜员;自助餐厅亦是如此。上述问题的回答是:两者皆是,当每个人与网络连通时,我们很难界定他归属于

第一篇 形成开放式思维 提升前瞻洞察力

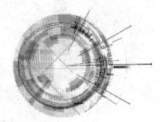

哪一方。自助革命让消费者减少了等候时间，并给了人们更多的自主权和控制权。

4. 与客户一起合作设计和开发产品

在传统模式下，很多企业的研发全部依靠企业内部部门自身完成，且不是面对市场的，他们完成了上级布置的研发任务，就可以获得收益，这直接导致了研发的不接地气，也无法获得市场的溢价。与之形成鲜明对比的是，海尔将研发、生产、销售、采购等环节并联在一起，共同面对市场。

互联网改变了企业与客户间的关系，使客户真正成为企业的一部分，促使他们以前所未有的参与度融入到企业的研发、设计、定价、流通，甚至是企业的支付系统中。

第一，将未来的客户提前"卷入"到产品研发过程中，产品如果能深深植入客户的心中，赢得市场是必然。第二，让社会资源充分渗透到产品研发中，这不仅是一种社会资源集约化的充分发掘的过程，同时也为未来的产品做了一次全面的市场广告铺垫。

用互联网来获取市场和消费者信息进行市场定位，进而迅速调整产品设计。即用互联网作为创新交流平台，建立与客户互动的开放式产品开发模式。

从第一款小米手机诞生开始，小米手机就邀请用户参与小米 MIUI 操作系统的设计开发，根据他们的意见，MIUI 每周进行更新。开发小组发起针对新功能的讨论，用户意见收集后通过投票再决定开放方向，MIUI 在每周的迭代中逐渐形成自己的特色。

附：用户参与创造案例

案例一：江小白的"表达瓶"

2012 年开始，江小白做了创新产品：语录瓶。在瓶面套一个纸套，加

上了一个二维码,上面印一句结合当下实时热点的话,再通过自媒体传播。比如"我把所有人都喝趴下,就为和你说一句悄悄话"。

写在纸套上的语录,不是公司文案团队自己琢磨出来的,而是每一个用户想要表达的一句心里话。用户只需要扫码就可以进入到这个页面。每个人都是段子手,都是自媒体,都有表达的欲望。尤其是喝酒的时候,人的表达欲望会增加很多倍,所以他会想把当下最想讲的话写在这上面,再通过分享页面分享到朋友圈。消费者或许只是希望通过这个平台说一句想说的话,想要把这个心情通过互联网发出去。但企业却是获得了创意众筹。所有的产品语录,都是通过海量的用户数据提供的,企业只需要进行挑选即可。

案例二:"多力多滋"征集广告片

美国著名的玉米片零食品牌多力多滋曾经在消费者中公开征集广告短片,他们收集到2000个广告短片,并且有至少200万人参与投票选出用于投放的最佳短片。从那时起,他们每年平均会收到5000个用户制作的广告提案。他们会给最佳广告的创作人员奖励100万美元,而这要比找广告公司专业设计支出的费用少得多。在2006年,通用汽车为它的雪佛兰塔荷(Tahoe)这款SUV车征集用户制作的广告,收集到了21000个提案。

你到底想让谁来制作你的广告,你是想雇佣昂贵的工作室,让其利用其最佳猜测来构想一个活动方案,还是找1000个富有创造力的孩子,让他们不断调整、测试他们为你的产品制作的广告。而且这些广告将会由热情的用户来创造,然后病毒式地传播到微信、微博里,在那里通过不断地测试,再设计直到有效发挥作用,一个广告逐渐进化成一个最佳广告。

第一篇 形成开放式思维 提升前瞻洞察力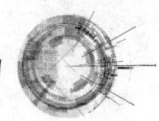

五、产业生态思维，从"资源控制"到"产业协同"

1. 从"产品思维"到"产业思维"

产品型公司满足用户单一需求或特定需求，通过一件一件卖产品实现一种简单增长，生态思维是整合、共建、共享、共赢、开放的思维模式。例如，围绕阿里巴巴已经形成了一个庞大的电商生态，这里诞生和推动了无数的新兴"物种"：淘宝、天猫、支付宝、菜鸟网络、蚂蚁金服、阿里影业……生态思维更具有空间感。对于有了一定规模和积累的企业来说，需要从产品经营升级为产业乃至产业生态经营。

从柯达的破产、索尼的倒闭、诺基亚被收购中，我们能够看到，如果还在随身听、胶卷、功能手机等上面止步不前，那么留给他们的结果就只有死路一条。从产业的角度思考问题：选择是做产品，还是做产业；当你思考产业问题的时候，你的产品也才能做更久。生态思维恰恰关注整个产业，甚至几个产业的发展。

从更高更广的范围讲，产品/业务思维是线性思维、直接思维、被动思维、局部思维，与之相对应的，生态思维是立体思维、间接思维、主动思维、全局思维。当然对于初创公司来讲，不是让你一开始就做平台或者

生态,而是需要具有平台思维或者生态思维意识。

在新商业时代,产业链中的主要活动不一定再局限于公司内部。如移动互联网设备等某些行业细分,一个涵盖软硬件开发商、应用开发商、内容提供商和增值产品制造商的更为广泛的生态系统已经形成。

生态圈不是多元化或整合。很多经营者误认为生态就是不断整合新的业务,然后与已有业务形成协同。这种理解是片面的。生态圈强调的是不同组织、个人之间的互动。整合反映的是吃独食的思维,与生态圈共生、互生的精神恰恰是对立的。如果所有的业务都被一个企业整合掉了,恐怕"生态"就应该改称为"帝国"了。

其次,生态圈不能简单地等同于联盟。战略联盟发生在组织之间,而生态圈还关注组织与个人(如用户)之间的关系,涉及的是更大范围的价值循环。战略联盟需要周密的计划和生命周期管理,企业很难同时管理大量的联盟伙伴。据统计,世界500强企业的联盟伙伴数平均为60个。但是,生态圈的范围可能远远超出这个数字。以腾讯开放平台为例,数据显示,截至2014年年底,就已集聚了500万的创业者。联盟的切入点是双边或小范围的多边关系,不同联盟之间的关系往往是割裂的。生态圈则将所有伙伴视为一个整体。这是不同的世界观。

最后,生态圈不等同于平台。平台是生态圈的一个特例:它通过连接两个(或更多)的特定群体,提供互动机制,满足所有群体的要求。但不采用平台模式的企业也可以有生态圈。Windows 和 Intel 都不是平台型企业,但是围绕在它们周围的生态圈却一度垄断了整个 PC 市场。

2. 从"专业分工"到"产业协同"

分工的原始推动力是企业对效率的追求。在工业化早期,整个社会处在供不应求的状态,提高效率,进而提高供应能力是商业竞争成功的关

第一篇 形成开放式思维 提升前瞻洞察力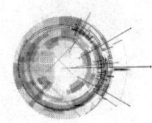

键。但对效率的极端追求,使商业社会不断地被分工,变成了专业化、模块化和组装化。这个过程,一方面极大地提高了生产效率,另一方面专业分工之间的鸿沟也越来越大,出现分工过细、庞大臃肿、条块分割等弊端,创新尤其是突破性创新被扼杀,无法有效应对网络经济时代新的挑战。

网络经济时代,创新往往都产生在跨专业的协同工作中,即所谓"协同创新"。企业打破专业化壁垒,打破"模块-组装"的组织方式,打破效率至上的思维理念,进行平台化的组织方式创新,才可能产生颠覆性创新。企业追求创新,必须在不同专业或领域之间进行管理协同,不仅在企业内部,而且在整条产业价值链上都需要用管理协调的方式进行组织化协同。互联网时代是大规模协作的时代,企业要成为一个开放的系统,在全球范围内进行资源和能力的整合与配置,建立一个全球协作的大平台。如海尔在合作模式的重要创新点就是坚持从"分工"转向"合工",从"零和"转向"共赢",在"地球村"里构筑起市场拉动的"价值创造网"。提出了"资源换资源"的新理念,基于终端用户的需求与上下游、甚至是竞争对手开展广泛合作,共创共享,合作共赢。在供应合作方面,邀请有实力的供应商参与产品的前端设计与开发,使其由传统的供应商上升到以订单为中心的战略合作伙伴。与经销商在需求预测、挖掘用户需求信息、个性化定制、售后服务等方面进行了全面的深度合作。哈佛大学的学者尤查·本克拉将其称为"基于共享的集体协作"。互联网的出现使得产业协同达到前所未有的规模。

通过设计建立多主体共赢互利的生态圈,增加为用户创造价值的内涵和外延,通过生态圈的协同来提供个性化的服务,这是生态思维的精髓所在。里夫金在其著作《零成本社会》中也阐述了,互联网时代很多成本趋于零,要实现一个协同共享的经济。

如小米的"竹林逻辑",小米高速发展的商业模式更像竹子,一夜春雨,生长迅速。新的竹笋就是新业务的迭代,不断发出,不断增强自身弹性,很快一个能够抵抗风雨的竹林就壮大起来。

第一,手机周边的智能设备,比如智能手环、移动电源、蓝牙耳机、音箱等非联网设备。在商业上的逻辑,是让这些周边产品享受手机销售的红利。在耳机足够好的情况下,假如一年要销售6000万部手机,就至少还能销售1000万部耳机,这就是手机带来的红利。

第二,智能白电。包括净化器、热水器等。传统白电在中国已经发展了30年,产品已经达到了超级精细化的水准,竞争也非常充分,借助白电智能化的大趋势,实现了弯道超车。

第三,个人短途交通产品。在小米的战略里,排除了进入房地产和汽车领域的可能,短途的交通问题、公共交通系统之后的"最后一公里"的问题是刚需。

第四,极客酷玩产品。当今的先锋产品,能够吸引年轻人眼球的,比如无人机、机器人、3D、AR、VR等产品。

第五,关系到人们生活方式类的产品,家庭及个人的消费耗材等消费升级产品。

第六,投资优质的制造资源。在过去的三五年里,越来越多的制造业管理精英被培养了起来,形成了制造领域的人才库。而同时,很多制造业的优质工厂的价值被严重低估,甚至估值还达不到它的净资产。通过并入小米生态协同,通过资本、市场和客户资源,快速推向市场。

3. 打造互利共赢的产业协同生态圈

电影《卧虎藏龙》里李慕白有一句经典台词:"当你握紧拳头时你一无所有,当你放开双手你就拥抱了一切。"互联网协议是通过团队协作设

第一篇　形成开放式思维　提升前瞻洞察力
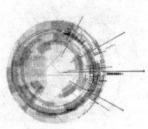

计出来的，而且互联网形成的系统似乎也含有这种协作的基因。生成和传输信息的权力被完全分配到网络的各个节点中，任何企图向互联网施加控制实行等级制度的做法都能被绕过，互联网的存在让普通人也能更容易地生成和分享内容。

随着互联网的发展，商业关系正以前所未有的速度发生改变。组织间缔结起复杂的竞合网络，形成全新竞争格局，在以分工为特征的工业时代，企业占据着社会生产价值链上一个（或多个）已清晰定义的环节，创造和传递价值的路径方向是既定的。因此，企业的成功取决于在所处环节上积累专业知识与技能，在设计、生产、营销和交货等过程及辅助过程中进行卓有成效的活动，形成核心竞争力。

进入以连接为特征的信息时代，尤其是互联网和移动互联网普及后，商业元素间的可连接性大大增加，打破了原本格栅分明的商业关系：行业边界趋于模糊，企业竞争与合作范围无限扩大，我们进入一个"无疆界"的竞合时代。在这样的背景下，疏于连接的企业即使核心竞争力再强大，也可能面临被边缘化的危险。要在新的环境下生存和发展，企业须撬动自己所在商业生态圈的价值。可以说，发展生态圈战略，是当下时代向企业提出的新要求。

商业生态圈是指由多个（三个或以上）具有利益相关关系的不同组织和个人，在彼此依赖、互惠的基础上，为了达成共同目标而采取集体行动的联合体。任何一个企业都处在不同的生态圈中——毕竟没有一个企业是孤岛，但并非所有企业都善于释放生态圈最大的价值。越来越多的案例揭示出：采用恰当的生态圈战略对于企业获得竞争优势至关重要。

4. 产业协同生态圈与核心竞争力

这里面有一个值得思考的问题是：产业生态圈时代的来临，是否意味

着核心竞争力已经过时?答案是:核心竞争力和生态圈优化能力并不冲突,也不具有相互替代的关系。

核心竞争力是企业内部具有的积累性学识,特别是关于如何协调不同的生产技能和有机结合多种技术流的学识。而生态圈优化能力则是企业协调外部伙伴关系的能力。核心竞争力强调自身的内部积累,生态圈构建能力则突出外部关系的协调,可见这是两种不同的能力。

在过去的二三十年里,核心竞争力是用来解释竞争优势最流行的概念。的确,在产业发展轨迹连续、渐进的情况下,企业凭借自身积累的学识可以在相当长的时间内保持领先。但企业学识的积累是路径依赖的,这意味着核心竞争力是"刚性"的——在技术突变或者产业融合背景下,仅有核心竞争力就不够了。

在今天这个以"连接"为特征的信息时代,迅速适应新环境的方法就是优化生态圈:高质量的生态圈为企业提供了一个丰富的外部资源库,使企业能够在专注自身核心业务的同时调动和利用外部资源,达到四两拨千斤的效果。

在今天异常动荡、复杂的环境下,企业要获得成功必须兼备核心竞争力和优化商业生态圈的能力。而这正是时代给企业领导者提出的新挑战。

通过产业协同生态圈,苹果构建了一个围绕顾客移动互联生活方式的整体解决方案。首先是软硬件一体化的终端设备,围绕着顾客生活方式的系列化,各个产品之间有强烈的互补性,iPod、iPhone、iPad、iMac,以及传闻中的大屏幕,再用 iCloud 把这些终端产品全都串起来,使得终端和终端设备之间,能非常方便地进行信息共享。然后是应用软件平台,以及在云端的内容整合。

如微信之父张小龙给微信定的愿景是:"连接人,连接企业,连接物体。让它们组成有机的自运转的系统,而不是构建分割的局部的商业模

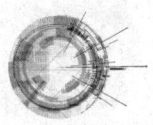

式。专注于基于连接能力的平台,并将平台开放给第三方接入,和第三方一起建造基于微信的人和服务的生态系统。建造透明公正的商业体系,让系统在规则下运转,避免人为的干预。"

六、跨界融合思维，从"封闭发展"到"跨界融合"

1. 互联网是一种天然的无边界存在

除了让信息变得对称，互联网还让个体能力变得更强，选择更多，令企业间动态竞争与跨界融合变得更为普遍。现在的组织不可能仅在行业内竞争，更多时候还需要考虑跨界竞争。长期以来，我们总是隔行如隔山，各行各业没有什么太多的交集。互联网、信息科技的高速发展，如同架起了一座可以贯通任何行业的桥梁，行业的边界打破，行业间融合的趋势越来越明显。

过去所谓行业的划分，本身就是工业经济时代以生产为核心思维的产物，从生产者的角度，根据属性的不同，分成了不同的行业，而从消费者角度来说，有的只是需求，其实并没有所谓的行业之分。然而，我们大部分人的思维是线性的，做某个行业就按某个行业的规矩去做，行业可以跨界经营，因为消费者的需求是无界的，资源可以重新整合，行业还可以颠覆。互联网时代给我们提供了很好的"跨界"经营和"整合"资源的机遇。未来是跨界和整合的世界，企业可以横跨各个行业，整合全球所能利用的资源。现如今，我们很难定义像BAT这样的企业到底是一家什么

第一篇　形成开放式思维　提升前瞻洞察力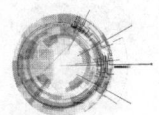

公司。

2. 跨界"打劫"成为新常态

在新商业时代，跨界打劫成为了商业的新常态。这是一个跨界打劫，企业却无力反击的时代：柯达的破产不是因为同行的竞争，而是因为手机的出现，柯达高层管理者当时万万没有想到，每一部手机都能成为照相机；"余额宝"的出台，18天狂收57亿元资金存款，抢夺了银行的饭碗。

这是一个如果企业醒来速度慢就不用再醒来的时代，拥有7亿用户的微信，共用户量还在增加，微信可以免费发语音消息，直接撼动了中国移动、电信和联通的地位。新商业时代，企业面临的最大危机，不是对手比你强，而是你根本连谁是对手都不知道，新的更强大的对手已经在布局跨界打劫你的市场，但你却浑然不知！等你醒悟过来的时候，已经来不及了。微信之于三大运营商，余额宝之于银行莫不如此！

这也是一个打劫了你却与你无关的时代，曾经被电视机替代的广播电台，连依靠交通广播维持运转的唯一的生存机会也被打劫掉了，收听率锐减，竟然是被一款与之并无多少关联的滴滴打车软件给"伤及无辜"了，出租车司机们天天盯着在线抢单，在行车途中连广播电台都顾不上听了。

3. 学会用第三只眼看世界

跨界思维就是基于世界万事万物的普遍联系，多角度、多视野地看待问题和提出解决方案。在现实生活中，我们往往都是"不识庐山真面目，只缘身在此山中"，从多个视角来观察同一个对象，更容易产生创新的思想火花。跳出传统的行业框框，引入跨界的生态伙伴，往往能使价值成倍增长。跨界最难跨越的不是技能之界，而是思维之界。跨界必先拆除思想的藩篱、打破思维的界限。"形而下者谓之器，形而上者谓之道。"首先是

思维模式的转变。思维跨越没有界限,创新永无止境。跨越边界进行融合,将会激发无限的可能性和商业机会。

4. 将科学与人文融合

在 21 世纪的数字时代,原子和比特的疆界被打破,科技与人文不断融合,互联网也正以惊人的速度推动跨界融合,这非但是创新的源头,更是人本真的回归。重新审视自我,完成自我颠覆和重塑。在某种程度上说,乔布斯之所以伟大,是因为他是一个商业天才、技术天才,更是一个艺术天才。乔布斯生前在自己的产品发布会上经常会用同一张幻灯片总结,在他身后的大屏幕上会出现一个路标,上面标示着"人文(Liberal Arts)"和"技术"(Technology)"的交叉口。在他最后一次登台发布产品时,他站在这张图像的前面宣布:"苹果的基因决定了只有技术是不够的,我们笃信,是技术与人文的联姻才能让我们的心灵歌唱。"

数字时代真正的创新都是来自那些能够将人文和科学联系在一起的人,他们信奉美感的重要性。创新来自人文与科学的交汇处也不是这个时代独有的,达·芬奇就是在人文与科学之间激发出创意的典范。在广义相对论的研究工作出现瓶颈时,爱因斯坦会拿出自己的小提琴演奏莫扎特的乐曲,直到他能重新找到"天体的和谐旋律"为止。

科学与艺术的完美交织,将科学与人文融合的创新者们,秉承开放与共享的精神,通过跨越时代的合作,让科技实现了创造性的飞跃。创新将来自那些能够为工程实现美感、为技术富于人性、为科技注入诗意的人。

第一篇 形成开放式思维 提升前瞻洞察力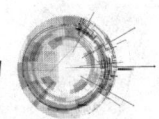

七、开放整合思维，从"为我所有"到"皆为所用"

1. 以"超越自我的视野"看问题

现如今，高度一体化的全球市场环境实现了各类资源要素在全球范围内的自由流动，任何企业靠自身能力都不可能通吃产业链的所有环节，任何企业都不可能打造一个封闭的环境自我发展，任何企业也不可能完全依靠自己的力量实现增长。唯有超越于企业自身之外，从更宽广的视野层面上进行观察和思考。坚持"开放"而不是"封闭"的理念、"协作"而不是"自主"的理念，确立协作创新、集成创新、战略联盟、价值共享等理念，在开放和协作的平台上持续提升竞争力，实现价值增长，是企业走向成功的保证。

对于国内许多企业来说，已在"封闭自主""上下通吃""多元增长"这样的思维逻辑下经营多年，不少企业还在这样的思维逻辑下取得了一时的"成功"，但目前所谓的"成功"并不是价值逻辑层面真正的成功，这种成功不具备持续的可能。

人们往往会被常规思维所束缚，如要脱颖而出，就要善于打破思维定势，以超越自我的角度去考虑问题。站在"月球"看"地球"，才能在更高层面上看到价值整合的机会,以整合创造价值,以整合创造出"1 + 1 > 2"的价值。

2. 非我所有,但皆可为我所用

没有一家企业可以完全占有资源,未来的企业必须在全球范围内配置和整合资源。传统的内部创新已经无法使企业保持竞争活力,企业在把握客户的核心需求之后,将内外部进行系统开放,将各个环节开放给更多的合作伙伴,建立开放式经营思维,形成开放式的赋能平台。优步作为世界上最大的出租车公司,却不拥有任何出租车辆;脸谱网作为世界上最流行的社交平台,却不创造任何内容;阿里巴巴作为最有价值的零售公司,却没有任何库存。正如凯文·凯利所言:在网络经济时代,对资源的占有不再像曾经那样重要,而对事物的使用则比以往更加重要。在网络经济时代,企业的生存和发展的关键要素,已不在于你拥有多少资源,而在于你能整合多少资源。

就像我们经常拿来作比喻的:全球化不是非要让企业分布在全球才算,而是在经营过程中以全球化的视野和格局看问题,立足国内却能撬动和整合全球资源。同样,思考企业经营问题时,不是从自我角度思考,非要拥有、占有和控制多少资源才算,而是在更大范围内,以开放式的思维可以整合多少资源,调动和撬动多少资源为企业价值创造提供支持,更好地满足市场目标客户的需求才是根本。

如,海尔就提出了"智慧利用"的新理念,提出"全球都是海尔的人力资源和中央研究院",要整合全球一流资源,为我所用。比如推出的3D冰箱,就是海尔研究团队整合全球研发资源快速突破的,它的用户研究来自德国和法国的团队,节能设计团队来自海尔,保温系统来自德国陶氏,光源照明来自韩国三星,制冷系统则来自巴西。

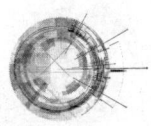

未来,整个经济社会将进入"云世界",大量的产品或服务以及各类资源都将以"云"的形式存在,以"云"的形式供应,按需调用、所需即供、触手可得,一切非我所有,但皆可为我所用。

3. 将公司信念和价值观外部化

在新商业时代,虽然一切资源皆可为我所用,但在通过整合形成的相互关联的企业之间,道德和行为标准必须如同跨企业的流程一样能够和谐地运作,必须确保公司的信念和价值观能与合作伙伴的信念和价值观很好地协调运作。彼此之间相互关联、不断互动。通过整合,一起协作的公司能够达到单独运营时无法达到的目标,并能为最终客户提供额外的价值。

在过去追求效率的理念下,以经济利益为主要手段,持而久之,大家都是以短期经济利润来建立彼此之间的联系,不可能在更长周期、更高愿景上协同。要形成"共同的目标"与"合作的意愿"和"共同的价值观",在相互关联的企业间,道德和行为准则必须如同跨企业的流程一样能够和谐地运作。管理者必须确保公司的信念和价值观与合作伙伴的信念和价值观很好地协调运作,对外看起来就像一个公司那样。

在共同为用户创造价值的同时,企业对外部的生产者予以应有的奖励。比如,苹果 iPhone App Store 的成功是因为它能提供比运营商更好的收入分成模式。Threadless 和 YouTube 也在这个已经被它们颠覆的行业里,重新定义了供应商的角色和完成工作的方式。

4. 整合目的是提升价值创造力

资源整合的方式多种多样,手段也千变万化,可以通过品牌去整合(如各类品牌连锁加盟模式、品牌授权合作模式);可以通过技术去整合(如百度阿波罗计划"向所有合作伙伴免费开放无人驾驶技术);可以通过资本去整合（各类投资、并购和重组等）；可以通过平台去整合（如 App Store 开放平台）；可以通过客户资源去整合（如今日头条开放流量入口）；可以通过输出价值观、资金和渠道去整合（如小米的竹林生态逻辑）；通过开放专业能力去整合（如海底捞通过开放自身能力成为餐饮行业服务商），等等。无论整合方式怎样，整合的目的只有一个，就是通过更大范围的产业协同，开放企业自身优势资源和专业能力。然而，大部分企业通常都会习惯于把所有与价值生产相关的环节纳入自己的组织体系内。在生产资源分布式存在的今天，这样的产业链垂直整合反而成为了企业创新的最大阻碍。企业可以通过"核心资源＋整合能力"提升企业价值创造力，带来更高层面和更大范围上的客户价值实现。

案例：美特斯邦威上下游整合

美特斯邦威在全国拥有 2000 多家加盟店和直营专卖店，2012 年零售额突破 50 亿元，位居中国市场本土和国际休闲服装品牌之首，并且创办了目前规模最大的民资服饰博物馆。美特斯邦威实际上不生产一件成衣，产品全部由全国的 200 多家 OEM 服装厂代工生产，销售则通过分散在全国的 2000 多家加盟店来完成。美特斯邦威上游产品供应利用社会闲散资源进行虚拟化的生产，不但降低了资金占用成本，并且实现了社会资源的有效利用；下游终端通过特许加盟形态，降低了自建终端成本，降低了风险，实现持续不断的赢利。而对市场消费者来说，市场体现出来的最终结果，就是这一切都像是一个公司提供的一样。

案例：思科公司

思科公司的商业模式是：设计外包、制造外包、销售外包。思科做的工作就是利用网络搭建平台，使外部的设计者、供货商看起来就像是自己

第一篇 形成开放式思维 提升前瞻洞察力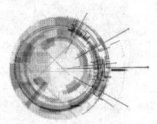

的一个部门。这样看起来什么都没有的企业,员工只有传统企业的 1/4,却可将生产能力比部门齐全的企业扩大了 4 倍,使得新产品推向市场的时间比一般企业缩短了 1/3,每年节省开支达 5 亿美元。年销售额高达 500 亿美元!

八、数据决策思维,从"经验判断"到"精准决策"

1. 数据成为一家企业最有价值的"资产"

在"一切皆可测,一切皆可连,一切皆可用"的当今时代,数据已经成为了一种商业资产,可以创造巨大的经济利益。通过积累数据资产,分析挖掘资产价值,变现为用户价值。

未来是数据的天下,数据能为你造出一片天地,数据将成为企业最大的资源。过去我们以土地、资金、人才为资源,将来,我们将会以数据、以及能够及时有效地使用数据作为企业重要的资源。

阿里巴巴掌握了消费者和用户数据,结果统领了网上零售业;腾讯掌握了社交用户数据,社交平台做到了独一无二;小米掌握了手机用户数据,不出几年时间就超越了很多老牌的手机厂家。

2017年除夕,中国人共收发红包142亿个,比猴年增长75.7%。24:00祝福达到峰值收发红包76万个/秒,8.88元是最受欢迎的金额。女生比男生更被偏爱,女生收红包占比50.6%。广东发红包个数3.48亿,排在全国第一;收红包个数也是广东第一,收12.88亿个。60后是红包金额担当,70后扛起了数量大旗,80后给80后红包数量最多,90后爱点

第一篇　形成开放式思维　提升前瞻洞察力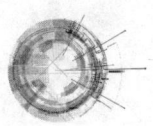

对点的含蓄。传统型老板看到这些数据觉得毫无意义，但有人却从这些数据中淘到干货，分析出哪里的人消费宽裕，哪里的人敢于消费，那里的人会生活，等等。

"数据就像是一个钻石矿"。根据互联网数据中心（IDC）2012年12月发布的《数字世界》报告，现在全世界数字内容的数量超过了地球上所有海滩上沙粒的数量。一位经济学家说，他可以从扑克牌、口红、男士内裤、领带、女士裙摆高低的数据中解读出经济的兴衰。女士的裙摆长意味着经济下滑。任何数据，只要是你用心去解读，它的价值都是可以挖掘的。

2. 企业决策由数据驱动

过去，企业都是粗放式发展起来的，它们对市场、对机会的把握多从感觉中来，极少有老板认真去分析行业数据、分析渠道数据、分析消费者数据。产品大部分都是根据自己的经验和感觉开发，传统思维方式是一种经验思维，企业领导人根据多年的经验"拍脑袋"决策，严重依赖个人直觉。

在移动互联网时代，企业必须建立起以数据为基石的运营。谁掌握数据，谁会分析数据，谁能够从数据中得到信息，谁能够在信息中挖掘到商机，谁就能掌握未来。企业决策方式要求向基于数据的科学决策升华，以经验思维为基础，注重实验和分析。然而，现实中，传统型的企业老板几乎对数据都不敏感和不重视。举一个例子，如果你问一下传统型老板，问他们企业决策有几个是依靠数据做出来的，估计有99%的老板都说是凭感觉的。就连宗庆后这样的老企业家也曾说过，在中国做市场要凭感觉，可想而知，其他中小企业老板们对数据是如何不敏感了。

数据能帮助企业优化决策、改善资源分配，以及更好地倾听客户洞

见。企业要善于使用数据分析市场、分析消费者,分析竞争对手、分析行业走势,用数据作为企业决策的依据。因为数据决策是科学的,尤其是计时数据,可以把各项工作进行数据细化。譬如每天分析客流量、客单价、转化率、浏览量等。知道企业效率提升没有,提升多少;利润增加没有,增加多少。一切缺少不了量化。未来是大数据时代,数据将作为企业经营最宝贵的资源统领一切。

以电商为例。

用户数据:用户信用评级、活跃度、留存率、转化率、客单价、用户分布、互动指标。

渠道数据:渠道来源、渠道转化率、渠道成功率、传播数、新增粉丝数/用户数。

营销数据:每日总成交额、商品购买用户数量、人均消费单额。

用户行为数据:浏览过哪些商品、被放入购物车的数量、从购物车下单的转化率、什么时间段浏览量最大等数据。

然而,传统型企业老板过去很少会关注这些数据,也不知道如何关注这些数据。

行业发展一般经历四个阶段:发展、成长、成熟、衰退。如果企业处于行业发展、成长或者高速成长阶段,行业集中度还比较低,这意味着企业哪怕管理和经营都很粗放,企业还是能够很好地生存和发展的。现实是经过几十年的经济发展,很多行业已经进入了成长末期和成熟阶段,企业如果还是沿用过去的粗放式决策,没有数据做支撑,企业的经营只能是日趋艰难。其实,现在很多制造型企业就是处在这样的一个境地,他们不关心数据,不重视数据,不清楚数据的作用,也不知道如何使用数据决策,以至企业产品越来越不适销,业绩每况日下。

第一篇 形成开放式思维 提升前瞻洞察力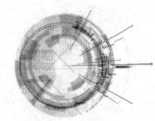

3. 通过开放分享和获取数据，以实现"自我进化"

在未来，大数据将成为提升公司竞争力的有力武器。企业与企业的竞争已经演变为数据的竞争，工业时代引以自豪的厂房与流水线，变成信息时代的服务器。虽然大数据谈了很多年，但是企业真正使用大数据、发挥大数据价值的并不是很多。一方面由于企业级数据规模和处理能力等自身局限性，难以发挥大数据的力量；另一方面，一个重要的原因是企业的封闭观念，不愿意将企业数据与合作伙伴互联互通、开放共享。然而，企业数据的价值往往依赖于与产业生态链中合作伙伴系统的无缝对接，企业需要突破信息孤岛，打破条块分割，在产业生态合作伙伴之间构建起全方位、立体化的数据分享、互联互通体系，从而实现企业的自我进化以及与产业生态合作伙伴的共同进化。

大数据的公开与分享成为大势所趋。每个企业都应当与时俱进、不断提升，放弃残缺的守旧思想，思考互联网时代如何将自身企业数据开放与分享，使企业与生态合作伙伴之间实现价值共创，成果共赢。如何进行数据资源的搜集、挖掘、分享与利用，成为所有企业思考企业转型升级时的必答题。

案例：林氏木业以大数据为基础的商业模式创新

2008年，林氏木业起家时只有2万元的资本，从最初的贴牌代理销售模式，一步步发展成掌握全产业链的数据化运营模式。以数据化的分析来确定所要生产的产品和具体销量。通过数据分析，确定其款式、颜色和价位，交由设计团队进行产品设计。

大数据分析贯穿其产品营销和企业运营的全过程，组建了数据部门，进行数据分析和研究，通过爬虫技术累积的销售数据以及搜索所有家具品

牌的热销产品,继而反馈给生产车间进行生产。设计人员都略去了,不需要自主设计,只需要根据热销产品进行快速跟进即可(有设计,也只是改进作用),竞争品牌只有几百种产品,而林氏木业则可迅速推出3000款,经常热销的产品则保持在1000款左右。

进行数据分析,根据最近的流量趋势、咨询量、收藏量、放进购物车量,据此及时调整策略。产品初步上架前,根据成本、市场需求等因素测试最初价格,预期销售额。产品上架售卖后,如果市场反应未达到预期,根据浏览量、收藏数、停留时间、跳失率、下单数等分析问题所在。如果是价格问题,会对价格进行修正,直到产品销售单量符合预期,然后将最终的修正价格确定为正常销售价格。

对于团队管理,也是奉行数据化决策的原则。员工从上班打开电脑后,系统会自动弹出当日应做的事件,员工每处理完一个事件,结果都会显示到上司的系统内。老板每天都可以很清晰明了地浏览公司全体的工作状况和运营状况,尤其是所有业务量的完成情况。这些数据可以帮助及时查找问题的原因,为处理和决策提供客观依据。

产品上线后,如果市场反应未达到预期,则会进一步根据浏览量、收藏数、停留时间、跳失率、下单数进行分析,调整价格,直到产品销量符合预期,有的产品平均改价10次。自建了ERP系统,处理订单,有现货则立即转到仓库发货,没有现货则转到工厂下单生产。竞争品牌的生产价格费用为10%~20%,而林氏木业只有5%~6%,并且有很强的溢价能力。

案例:纽约警察局通过大数据使犯罪率大大降低

也许会让人觉得不可思议,如此传统的警察行业怎么也可以用到大数据?其实很简单,纽约警察局通过整理上百年的犯罪历史后,几乎每天制定一个犯罪预测表,不同区域标注不同颜色,并根据这些颜色,安排当天

第一篇　形成开放式思维　提升前瞻洞察力

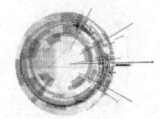

的警力资源。如红色部分表示最有可能发生犯罪的区域，分配的警力就相对多一些。

案例：中信银行金融领域大数据创新

中信银行信用卡中心基于社交网络数据提供增值服务。"客户的好友也是我们的客户"这样的理念，反映的是下一代网络的先进特征。

利用用户活动轨迹追踪，确定高价值商圈，设计业务，再利用大数据进行客户需求的体验分析，既包括客户的需要，也包括客户的体验（即用户需要相对于用户意义、目的、情感的关联）。通过一个实际场景，利用大数据，卡中心将客户使用信用卡加油与吃饭的信息关联起来进行分析。信用卡中心发现，在周末 18：00 之前加油的客户，有 60% 会去吃饭；再结合基于位置服务（LBS）信息，对客户就餐所在区域分析，发现其中70% 有去中心城区吃饭的习惯。于是信用卡中心与中心城区的烤肉店合作，在每个周末 17：30 的时候，向在驶出加油站的客户，打出这样的手机广告："物超所值，美味、环境优雅，价格适中，朋友聚会的理想场所，持中信卡可享五折优惠！"经过实战检验，效果非常理想。

实践案例一：万庄农资集团以开放式思维革新中国农资流通模式

万庄农资集团过去一直以化肥生产、仓储物流为主营业务，年生产复合肥 80 万吨，同时承担国家淡季商业储备 10 万吨，面临激烈的行业市场竞争。公司开始思考转型升级：如何借助地处中国第一农业大省、国家粮食核心产区的优势地位，以及建立起的河南及周边地区 100 多个市县分销网络客户资源，在互联网经济时代实现战略转型？

作为老农资人的董事长赵慧清，怀着对革新传统农资流通模式的强烈的使命感和十年磨一剑、永不游离目标的坚持，超越于传统企业对短期利润的追求，在强烈的使命感驱动下，进行了艰苦而富有成效的探索和创新

实践。

众所周知,中国是一个农业大国,农资的稳定供应是实现农业增产丰收的重要保证。作为全国粮食主产省和小麦第一生产大省,河南仅化肥使用量就占全国的十分之一。一直以来,由于农资行业经营模式落后、经营主体分散、交易方式落后,信息不对称,造成农资价格波动频繁且波动幅度大,加之农资行业"全年生产,短期使用"的特性,农资市场几乎成了周期性"春耕涨价"。农资价格的大幅波动,在很大程度上影响农民的种植积极性。如何兼顾生产者、经营者和广大农民的利益,既保证农资企业正常利益,又保护农民生产积极性,提前发现价格,有序组织生产,规范交易行为,是行业一直以来最大的痛点。

为了彻底突破这一制约行业健康发展的行业痛点,突破企业发展瓶颈,从整个产业角度思考,十年前便高瞻远瞩提出了建设中国农资大宗商品交易中心的愿景目标。通过多年的探索和实践,公司确立了"农业大电商、城乡大物流、农村大金融、三农大数据"的战略定位,确立了"以城乡物流平台、金融平台为支撑,以现有客户体系为基础,以开始式思维整合内外部资源,打造专注于农资行业服务的农资大宗商品交易、城乡物流、农村金融、农业大数据与三农增值服务五大平台"的平台发展战略。

战略举措一:打造中国农资大宗商品交易中心,形成公开、透明、方便、快捷的第三方交易平台。通过农资交易的在线化,重新分配农资生产商、批发商、零售商、农户在价值链上的职能和利益关系,实现信息流、资金流、商流和物流"四流合一";通过农资大宗商品交易,实现常年生产、常年交易、合理仓储、套期保值、规避风险、调节价格,构建农资行业诚信体系,提升农资行业整体业态水平。形成国家粮食生产核心区、河南现代农业支撑体系的重要支撑。

战略举措二:建设河南城乡物流干线网,在河南周边地市布局五大物

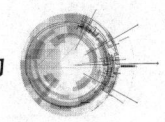

流园，在各乡镇布局 2000 个物流节点，建立 3 万个乡村网商，服务于河南及周边 2000 多万家乡村农户。

战略举措三：建设"农资通"农村金融服务平台。实现资金结算、移动支付、信用融资、定金、违约金、保证金、分期付款资金的管理，实现资金的融通和农村普惠金融服务。

战略举措四：建设河南农村大数据、云计算中心。通过采集到 1 亿亩的农作物种植数据、一亿亩的土壤养分数据、2000 多万农户的档案数据以及数十万的乡村网商交易与物流信息数据，实现数据价值的挖掘和应用，实现及时测土配肥，极大地提升农资使用效率。

战略举措五：建设面向三农的增值服务平台，提供如农机培训、科技推广、测土施肥等农业科技服务，空中施肥、灭虫除草、林地养护等通用航空服务，土地整理、产权交易、信息采集等政府第三方服务。

通过"一次性交易、一站式物流、一次性结算"减少交易环节，降低物流成本，将为农民节约 10% 以上的农业生产资料流通成本，对河南省而言，每年仅化肥、农药、种子预计节约 50 亿元以上，减少浪费 10 亿元以上；形成农资大宗商品交易中心、物流中心、结算中心，打造中国农资郑州价格。从而有力地带动中原经济区贸易、金融、物流、电子商务等相关产业的大发展，提升河南省产业整体业态水平。

实践案例二：通赢优采平台以开放式思维重塑中小餐饮食材采购

中国餐饮业市场巨大，餐馆食材采购是一个高频高额的刚性需求，复购率高，粘性强，流水大。传统餐饮痛点：单店单独采购数量少、议价能力低，费心、费时、费力（人力、交通及时间成本）；同时，生鲜农产品流通环节多、链条长、层层加价、层层损耗，据统计，生鲜农产品在采摘、运输、储存、流通交易等环节上的损失率在 20%～30% 左右。近些年来，随着房租、人员、食材成本的持续提升，餐饮行业赢利压力加大，开

始转向对控制供应链成本的关注。

通赢优采平台,从成立之初,在公彦斌董事长的带领下,便确立了用互联网技术和创新的商业模式革新传统中小餐饮食材采购交易和流通方式的使命宣言。致力于借助互联网技术手段,改变餐饮行业传统采购模式,提升餐饮食材采购环节整体效率,为餐饮食材上下游用户提供便捷、高效、省心的一站式采购服务。确立了成为中国最具影响力的酒店餐饮食材供应链"B2B+O2O平台"第三方综合服务平台的愿景目标。

围绕这一使命及愿景目标,企业前瞻性地对业务战略进行了规划和布局:

业务战略一:建立交易平台,集合采购,统一分销,减少中间环节,提供供应效率,在全国各省市寻找合作伙伴,建立上下游会员服务体系。

业务战略二:建立物流平台,整合社会资源,搭建物流合伙人体系,建立10大冷链仓储和物流基地,实现对全国范围内的物流配送支持。

业务战略三:建立金融平台,帮助餐饮店信用融资、优质基地投资、餐饮项目投资、餐饮项目孵化、仓储物流设施投资,行业共同发展基金,实现在资本层面的价值。

业务战略四:建立数据平台,餐饮采购动态数据、商品价格波动数据、物流配送响应数据、餐饮人才档案数据等,进行分析、挖掘与应用。

业务战略五:增值服务平台,建立餐饮人才商学院、餐饮人才职业生涯管理、餐饮人才培训、人才输出、人才测评、职业生涯规划、餐饮人才数据库,为餐饮客户提供一站式人力资源服务。

通赢优选通过打造核心业务交易平台、基础业务物流平台、战略金融平台、前瞻业务数据平台、衍生业务增值服务平台,构建起了餐饮食材采购服务的全新生态系统。

第一篇　形成开放式思维　提升前瞻洞察力

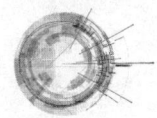

自我审视与评估

1. 你的企业是否真正做到了以"客户"为中心,这仅仅是挂在嘴上的口号,还是真正成为了企业一切的行动准则?在企业利益与客户利益产生冲突时,你的企业是否能毫不犹豫地从客户立场做出决定?

2. 你的企业存在的意义和价值是什么?你的企业在行业内或市场上是否是可有可无的?你和你的员工每一天所做的工作都是为了实现这一使命目标吗?你的员工相信自己企业的使命吗?还仅仅是对外宣传的口号和噱头吗?

3. 你和你的供应商、渠道商之间是否已经结成战略协作伙伴关系,还是仅仅的契约交易关系?是否建立起了有利于解决共同问题的信任?你是否准备增加你与供应商、经销商之间的透明度?你的供应商、渠道商准备好了吗?

4. 你把企业看作是你自己的,还是大家的?你企业的员工平时是主动发起工作?还是处处等待你安排工作?与供应商、经销商是简单的交易关系还是建立了共创共享的合作伙伴关系机制?

5. 你的企业员工平时主要工作是靠不断开发客户,与合作客户搞好关系,帮自己企业多销售产品?把终端用户的使用体验都考虑在内了吗?和终端用户之间有没有互动?

6. 你在思考企业发展问题时,是否陷入被行业惯例、日常事务缠绕不清的情况?公司是否已面临丧失已有优势的风险?公司是否在预料之外的地方出现了竞争?

7. 你是否还在想着在公司内外掌控一切?

8. 你是否对公司未来的数据战略有所准备?

第二篇
构建开放式战略
重塑价值创新力

我们无法左右变革,我们只能走在变革时代的前面。唯一可能取得成功的原则是努力创造未来。努力创造未来是要冒很大的风险的,然而,它的风险比被动接受未来要小得多。

——现代管理学之父 彼得·德鲁克

变革意味着机遇,你能在行业发生转变之前,最早迈出哪怕一小步,先发制人,就会有很大的机会,但如果你认为没有必要改变,你将会自取灭亡。

——联邦快递创始人 弗雷德·史密斯

　　根据企业的生命周期理论，企业的发展一般历经机会驱动、业务驱动、管理驱动和创新驱动四个阶段。企业作为一个有机的复杂系统，在成长过程中，如果企业不能将各项互动的要素进行高效配置，使企业能够源源不断地从环境中获得成长所需的各种资源和能力，并通过对资源的高效应用而进一步得到发展，就会遇到这样那样的问题。一切创新都始于边界的突破，持续成功的企业，总是那些能够不断适应市场变化，具有敏锐触觉及时转型的企业。

　　一个新的互联网时代即将到来。这将是一个鼓励分享、开放协作、平台崛起的时代。靠单一产品赢得用户的时代已经过去，渠道为王的传统思维不再吃香。在新的时代，如果还背着这些包袱，那就等于给波音787装了一个拖拉机的马达，想飞也飞不起来。如何铸造一个供更多合作伙伴共同创造、供用户自由选择的平台，才是互联网新时代从业者需要思考的问题。

　　这个新时代，不再信奉传统的弱肉强食般的"丛林法则"，它更崇尚的是"天空法则"。所谓"天高任鸟飞"，所有的人在同一片天空下，但生存的维度并不完全重合，麻雀有麻雀的天空，老鹰也有老鹰的天空。决定能否成功、有多大成功的，是企业发现需求、创造需求、主动创造分享平台的能力。

第二篇　构建开放式战略　重塑价值创新力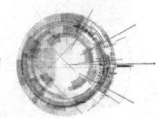

一、突破客户需求边界，重新定义客户价值

随着新商业时代的到来，企业的价值创造主要来自客户的个性化体验，每个产品，都应该是满足个体消费的整个过程，而不再是制造部门关起门来的创新，继标准化产品满足人的需求之后，定制化消费成了企业提供附加值的重要来源。

根据马斯洛需求层次理论，人类需求像阶梯一样从低到高按层次分为五个层次，分别是：生理需求、安全需求、社交需求、尊重需求和自我实现需求。当人们温饱需求得到满足后，人们便开始打扮自己、装饰自己周围的环境，与他人建立更广泛的联系，寻求个人更好的发展，这种对发展需求的满足是新消费升级时代来临的根源。在新商业时代，企业要赢得市场，要让客户感觉到你的与众不同，要用出其不意的方式来为客户创造价值。谁能够满足客户的个性化需求、洞察客户的潜在性需求、创造客户的持续性需求，谁就可以在重新定义客户价值上获得先发优势。

1. 满足客户个性化需求

我们过去崇尚的法则是规模经济，企业靠大规模生产制造同样的产品，销售给规模庞大的同质化客户群。随着互联网的发展，范围经济、大

规模定制脱颖而出，表现出极强的生命力：价值基于每一位顾客独特的个性化消费体验。以前企业间是拼成本、拼规模，中间拼的是在成本、质量、速度间找平衡，但在今天 C2B 的时代，拼的是体验，要以体验为王，就是怎么去加强顾客的线上、线下的体验。以前讲要大规模生产、大规模营销、流水线生产、部分物流外包，现在则要讲个性化营销、柔性化生产、社会化物流。

移动互联时代，用户需求日益呈现出碎片化、个性化、体验化的特点，企业不能再试图把一类产品卖给全世界的顾客，而要围绕着一部分顾客做全生命周期的个性化服务。用张瑞敏的话说就是：互联网时代，客户由"固定靶"变成了"飞靶"。而要"打中飞靶"，企业就必须突破原有的商业模式。为此，企业在指导思想上要实现由生产型向服务型转变。由原来以厂商为中心的、大规模生产、大规模促销和低成本竞争的 B2C 模式，转变为以消费者为中心的、个性化营销、柔性化生产和精准化服务的 C2B 模式。未来企业生产的产品将是由多个基本模块组合而成，形成了一个虚拟的、高拆合性、高效率、低成本、即时反应、共创的按需定制模式。

未来，很多行业的产品都可以用智能制造、小批量的方法来做，根据长尾理论，整个市场需求可以画成一条曲线，前端的几个型号可以满足 80% 的人的需求，尾巴部分很长，但只包括 20% 的人的需求。中国企业以往都是满足 80% 的人，但未来在互联网和智能制造两股力量的冲击之下，这条曲线就不再是"二八"比例，而是变成比较平的一条曲线，企业要从"用几个型号生产几百万台"变为"用几百个型号生产几百万台"。当越来越多原来买标准化产品的人，现在开始有定制化的需求时，依靠大规模生产带来的规模优势存活的中国传统制造业，必须做出应对和改变的准备。

如海尔，在产销模式上，推行"零库存下的即需即供"。过去很长一

第二篇 构建开放式战略 重塑价值创新力

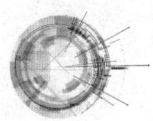

段时间,海尔与中国大多数制造企业一样,实行的是"生产－库存－销售"的传统产销模式,存在很大刚性。"零库存下的即需即供",从大规模制造转变为大规模定制。从"为产品找客户"转变为"为客户找产品"。同时在研发、生产、供应、职能管理等领域大力推行模块化技术,以提高响应速度。在营销模式上,推行"零距离下的虚实网结合"。通过互联网搭建与用户零距离互动的平台,深度挖掘个性化需求信息,并转化为有价值的订单,实现"以服务卖产品"。

案例:青岛红领西服——基于大数据的工业化定制

我国制造业产业链宽而广,链条很长,工业体量大,在一些面向C端的生产与制造,已经由用户的个性化、定制化需求驱动的诸多行业的"小批量、多品种"的生产模式转变。这种模式其实多年前已经出现了,如戴尔电脑、丰田汽车等生产方式,只是在大数据和物联网时代变得更加凶猛。

青岛红领西服通过运用互联网技术,建成了顾客直接面对制造商的个性化定制平台,可以快速收集顾客分散、个性化需求数据,满足C的需求个性化的交易,把中间商、渠道商、代理商彻底剔除在外,消除传统中间流通环节导致的信息不对称和层层代理成本,极大降低了交易成本。完全数据驱动,没有组织、没有部门、没有领导,自组织,用工业化形态做个性化产品。做C2M,让C驱动M完成博弈,取消中间环节,让利消费者和制造商,实现他们之间的互联。

红领西服用规模工业生产满足了个性化需求。自己投入巨资研发出了男士正装定制领域的大型供应商平台——红领西服个性化定制(RedCollar Made to Measure,简称RCMTM)。其核心是一套由不同体型身材尺寸集合而成的大数据处理系统。这个平台可以让红领每天生产1200套西服,一套

西服的制作只需 7 个工作日,且都是一次制作完成。RCMTM 平台关键是用大数据系统替代手工打版。在红领车间的电脑系统中,在一秒时间内,一个工人就能处理 20 多个订单,每个订单中有 50 多个技术细节。输入顾客身体测量数据和细节要求后,会自动生产所谓的版型。

红领大系统中包含着 20 多个子系统,全部以数据来驱动运营。每天系统会自动排单、自动裁剪、自动计算、整合版型。一组客户量体数据完成定制、服务全过程,无需人工转换、纸制传递、数据完全打通、实时共享传输。实现"在线"工作,而不是"在岗"工作,每个员工都是在互联网终端上工作。从网络云端上获取信息、数据、指令,并与用户实时对话。实现了从客户订单提交、产品设计、生产制造、采购营销、物流配送、售后服务一体化的开放性互联网平台。

案例:尚品宅配——全屋家具定制

尚品宅配以全新的 C2B 结合 O2O 模式,建立了基于定制的大规模生产模式。通过网络设计平台和虚拟现实技术,整合产业链资源,在线上端,尚品宅配通过 PC 端新居网、微信服务号、线上设计预览、免费预约量尺等渠道和方式进行用户连接。把信息化和工业化融合,从客户购买意向到了解户型,从提出设计需求、完成设计方案,再到下单和生产、发货,整个流程都有信息和数据的支撑,生产规模化、柔性化、个性化、高效率和低成本,完全解决了大规模生产和个性化定制之间的矛盾。

2. 洞察客户潜在性需求

客户需求是具有无限扩展性的,需求是一种有支付能力的需要,是人们有能力购买并愿意购买某个具体产品的欲望。因为人的欲望是无穷的,而科技发展又具有实现人们欲望的无限可能性。所以,要求企业不断创新

第二篇　构建开放式战略　重塑价值创新力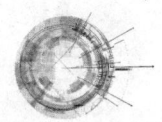

产品去满足人们不断发展的需求。随着科技的发展和消费的升级，越来越多的顾客追逐消费潮流和时尚，导致产品生命周期迅速缩短，更新换代速度加快。因此客观要求企业需要洞察客户需求、发现消费动向，提高应变能力。

洞察客户需求的最佳办法就是：与客户保持零距离。企业有产品、有市场，但是往往没有可以看得见、连得上、听得到的"用户群"，这就是我们传统企业同用户的距离。建立公司同用户之间最直接的连接。小米公司就通过小米论坛和MIUI（米柚）论坛实现了线上同用户实时的零距离接触，用户的反馈意见能够得到及时响应，员工的表现可以通过用户的反馈得到反映。

传统企业要做到与用户保持零距离，至少需要突破"三大距离"，即经销商距离、部门之间的距离和上下级之间的距离。企业只有消除面向用户的各种阻碍，建立同用户最直接的连接，走进用户的生活场景，感知用户的情感，做到"同用户零距离"，对用户的需求进行实时感知，并快速组织动态资源进行及时响应，才能充分释放出用户选择的权利，而连接一切的互联网让这一切成为了可能。

洞察客户潜在性需求的最佳方式是首先让自己满意。正如维珍集团创始人理查德·布兰森，在维珍集团的发展过程中，最成功的业务如航空、铁路运输、手机、金融、互联网、酒店以及行包，很多都产生于布兰森作为一名消费者本身的想法和需要。他说："我进入一个行业的最初原因，不是因为我认为自己干这行可以赚大钱，是因为我自己在这个行业体验过糟糕的服务，而我想创造一种服务体验，让我和我的朋友都能尽情享受。"

洞察客户潜在需求信息是一项全员化的工作，企业所有员工都必须建立这样的意识并将获得的信息融入到经营决策过程中。及时获得客户信息和市场信息，可以让企业针对经营活动的计划更加主动和准确，比如哪些

环节应该改进,哪些服务应该增加或减少,哪些功能应该改善等,有效提升应对市场竞争和创造客户价值的灵敏度。

案例:老乔的店——创造极致客户体验

老乔连锁超市集团已经创办43年,粉丝众多,其中不乏明星和社会名流。如果按单位面积计算,销售额是同行的两倍。公司只挑选最棒的产品,以减少顾客选择的烦恼。乔氏商店的商品种类很少,只有沃尔玛的十分之一,从而让每种商品卖得更多、更便宜,有些商品便宜两到三成。

乔氏商店不打折,不做广告促销,没有噱头,没有会员制俱乐部,也没有特殊的购物卡,你能想到的很多奇特的办法,它都没有。但它却是目前美国最受欢迎的连锁超市之一,许多明星及社会名流都是它的忠实顾客。

通过与顾客深度接触与观察,乔氏认识到一个道理:消费者喜欢选择,但并不喜欢太多的选择。于是它集中全部注意力,为顾客选择出最棒的产品,而且保证价格也很实惠。

乔氏商店里的每种商品,都是经过精心挑选的,以节省顾客的选择时间。其最大的一笔研发支出,就是让四名采购主管去世界各地搜罗精致的商品。

在乔氏商店,你能买到在其他超市很难买得到的东西。既充满异域情调但又平价的奢侈食品,像比利时黄油华夫饼干、泰国辣椒腰果,还有一些健康的有机食品,如山鸡生的鸡蛋、手工精酿啤酒等等。据《财富》杂志报道,美国的大型卖场一般可陈列5万种商品,而乔氏商店一家店则只卖4000种。这样,乔氏就有可能从供应商那里获得更低价格。每种商品可以更大量地进货。同时,更少的商品种类,使得运输、上架等运作环节也更简单。

第二篇　构建开放式战略　重塑价值创新力

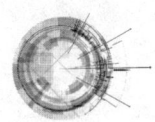

乔氏还尽一切可能从供应商那里直接采购，并提前签订合同，以获得最低价格。而且它也尽可能少花钱，它既不会在广告上花费一毛钱，也不像美国大部分超市那样，向制造商收取上架费、广告费等费用，它认为这将导致更高的价格。

在定位和选址上，乔氏的店面不大，选址通常在靠近人群密集的地区，比郊外的大超市也更方便。更易于与顾客之间的近乎邻里间的亲近关系。超市在每一个亲切的细节都透出对生活的热情。价目牌都是手写的，还会描述特色或烹调方法。广告册用的是铅笔水彩画。这些简直是天堂的必要组成部分。

乔·库尔姆说：员工是直接面向顾客的服务者，要使顾客感到高兴，首先也要使员工感到快乐。他给予员工优厚的待遇，目前普通店员的年薪有5万美元，非全职员工也会有全额保险。员工全心全力工作，服务态度超级好。如果顾客问商品在哪，员工并不是简单地说出位置，而是将顾客直接领到那里，也很乐意打开食品让顾客试吃。所有店员都把自己作为企业的主人，随时把自己的想法和顾客反馈直接通过电子邮件发给企业高层管理者，以优化产品组合和改善服务。

案例：三只松鼠的"贴心服务"

用户使用产品的过程，是企业与用户对话的过程，用户买到产品，并不意味着销售任务的结束，而是体验之旅才刚刚开始。例如三只松鼠近几年异军突起，就在于洞察到了80后、90后年青一代群体的潜在性消费需求。三只可爱的松鼠宠物作为包装形象，通过电商平台直接面对消费者，客服把自己变成松鼠一样和主人沟通，尽最大可能给予各个消费环节以方便和优化，比如包装袋里有剥壳器、湿巾、夹子、垃圾盒，方便食用。让消费者有了更便利的食用体验，这些差异化的创新花不了多少成本，几乎

是营销成本的1%，但却极大地影响了消费者的感受。

案例：戴尔公司的"倾听顾客心声计划"

戴尔请专业公司为其进行网上评论追踪，并组建了一个42名员工组成的小组，上班时间都在脸谱网、Twitter等社交媒体上跟批评者聊天。具体的实施方法是：

第一步，在网站上加入博客和留言板，希望那些心怀不满的顾客与公司直接对话，而不是在互联网上到处散布怨言。CEO迈克尔·戴尔说："如果我们不在戴尔网站上应付他们，那就将会是在CNET网站或别的地方。我宁可在自己家客厅里进行这种对话，而不是在别人家。"

第二步，除了做好危机控制，更重要的是生产更好的产品。工程师收取反馈的方法十分传统，他们亲自给大客户送去初级模型。他们在构思项目的初期，会通过公司一个名为"头脑风暴"的网站，征求大家的意见。

如果你在网上写点关于戴尔公司的东西，很可能一小时后就会被戴尔知道。如果你在博客或脸谱网站的组群里说戴尔的坏话，可能马上会有"戴尔应对团队"的人进来插话，哪怕只是让大家知道戴尔很在乎这些评论。

戴尔公司发现：潜在顾客99%上网时间都在做调研，只有1%时间才是在买电脑。因此，戴尔公司开始改变一味注重行销的态度，更多地为顾客提供帮助，其"倾听顾客心声计划"对网络的关注近乎偏执。戴尔公司又推出了一个自助网站，让顾客相互帮助，解决技术问题，这既能围绕戴尔品牌产品建立一种互助的氛围，又能节约人工服务电话的成本。

据戴尔委托的网络监测公司调查，对戴尔品牌的负面评价从2006年的48%下降到了目前的23%。这使得公司在个人电脑制造商中的顾客满意度，超过竞争对手惠普和捷威，重新占据首位。

第二篇 构建开放式战略 重塑价值创新力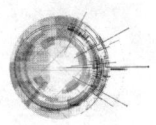

3. 创造客户持续性需求

过去我们讲产品，产品就是生产，制造业就是生产产品，产品生产出来销售出去后客户怎么用是客户自己的事，产品卖出去就不管了。在网络经济时代，未来将都是全生命周期的智能化服务，获取客户的终身价值（CLV：Customer Lifetime Value，指的是产品购买者、会员及使用者在未来可能为该服务带来的收益总和）。制造服务业时代到来，企业将是全生命周期服务。如美国第一风能公司，经营着16个风力场，公司在GE生产的风力发电机上安装了系列的传感器、控制器和优化软件，可以随时测量温度、风速、叶片的位置和螺距，然后优化，数据量是过去的3~5倍。风力场123台风力发电机增加了3%的电能输出，相当于每一台涡轮机一年可以多生产12万度电，两个风力场的年收入直接增加120万美元。

案例：陕鼓动力集团

陕鼓动力集团过去的主要业务是为大型火力发电厂提供燃煤锅炉用的鼓风机，以设备制造和供应销售为主要业务。如今，利用工业互联网，推出了针对工业单体设备的在线设施和故障诊断系统，交售1224台机组服务，测量设备的实时转速、压力、齿轮、运行的情况，仅服务年收入就20多亿元，占整个产品销售的1/3，将过去销售设备的一次性收入扩展为长期且稳定的售后服务支持，获得持续收入，提升客户忠诚度，获得了客户的终身价值。而且，电厂都非常欢迎这一系列，因为一旦鼓风机坏了，一停机就会停电，停电就是大事故，该系统一推出便受到市场的积极响应和强烈欢迎。

案例：固特异（Goodyear）轮胎——按里程收费的开拓者

过去一般轮胎厂家在销售产品时，竞争的基础主要是价格、耐用性和

品牌知名度。行业的惯例是厂家将产品卖给原始设备制造商，然后希望车主在更换轮胎时使用同一个牌子的产品，这样的模式以企业为中心，以产品为重点。固特异公司改变了这一做法，不再销售轮胎，转而按服务收费，他们同车主签订合同，按里程收费。定价以多种外界因素影响为参考依据，它既受转载类型（例如重载）、道路情况（例如市内运输或跑长途）等一系列因素影响，也受公司驾驶水平、习惯及车胎的养护等车主个人特征和轮胎轮换周期之类的情况影响。在新模式里，轮胎仍然作为产品存在，但是经营收入的基础不再是一次性的轮胎销售，而是轮胎的使用过程。

相应地，轮胎零售业务的基础从交易（卖轮胎）转变为与消费者的持续关系（车辆使用的持续测量；针对具体用户，提出改进车辆使用的反馈意见），这样赢利模式的基础变成了持续性收益，对轮胎使用的正确测量，以及轮胎的磨损参数，针对以上各种因素轮胎公司提出具体建议。这样做的最大好处是，企业得到了每位司机实际驾车情况的详细数据，包括装载的规模和重量、驾驶速度、刹车方式，以及其他许多有助于产品开发的数据。

在未来，轮胎公司不能只一味地注重轮胎的质量，还应注重轮胎的使用、关注司机的安全，帮助每一位司机改善驾驶技能。这样的话，企业与顾客建立起的是持续的关系，创造的是持续性需求。

4. 互联网连接一切，让资源按需使用成为可能

在互联网的世界里，按需使用模式正在一个接一个地冲击着数十个行业。在互联网世界里、手机世界里，最普通的用户也可以很便捷地连接到全世界资源，可以很快地获取一件商品或所需的服务，其速度之快就像这个商品是自己的一样。甚至，如滴滴打车随叫随到，美团外卖随叫随送一

第二篇 构建开放式战略 重塑价值创新力

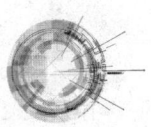

样。在有些情况下,商品或服务的获取速度有时甚至比自己从"地下室"里找到自己的那件东西还要快。奈飞(Netflix)作为世界上最大的视频供应商,准许看电影的人无需拥有它。声田(Spotify)作为世界上最大的音乐流媒体公司,准许每个人聆听任何想听的音乐而无需拥有其中的任何一个。摩拜单车让每个人可以随时随地骑自行车而无需拥有任何一辆;神州租车和滴滴打车让车辆服务随叫随到,也无需拥有其中任何一辆。

案例:潘多拉(Pandora.com)的"音乐基因组计划"

通过一套编码系统和协同过滤程序,该系统能根据顾客需求,自动推荐符合听众个人偏好的音乐,访客只需要输入自己喜欢的歌手、歌曲或作曲者的名称,就能欣赏到网站为其提供的一个具有相似音乐特征的播放列表,为每一个客户量身定制独一无二的产品,为听众提供了一个相当于自己个人电台的东西,根据所需,随时供应,从而取得了突破性的经营业绩。获得了近3000万音乐爱好者的喜爱,目前拥有8万名艺术家的近75万首歌曲,而且这个名单还在继续扩大。

案例:今日头条——个性化新闻推荐引擎

今日头条作为一种新型的新闻阅读方式,将传统的新浪、腾讯、网易、搜狐这些互联网新闻媒体以一种大数据+新闻内容的方式呈现给用户。上线没几年,用户量已经发展到3亿累计用户,日活跃量3000多万。互联网给用户带来了大量的信息,满足了用户在信息时代对信息的需求,但也使得用户在面对大量信息时无法从中获得对自己真正有用的那部分信息,对信息的使用效率反而降低了,今日头条的个性化推荐系统解决了这一难题。

系统能有效帮助用户快速发现感兴趣和高质量的信息,提升用户体

验,增加用户使用产品时间,并有效减少用户浏览到重复或者厌恶的信息带来的不利影响。通常,推荐系统越精准,用户体验就越好,用户停留时间也会越长,也越容易留住用户。

今日头条是个性化的新闻推荐引擎,算法是《今日头条》这款兴趣推荐搜索引擎应用的核心,这也是与传统媒体最本质的区别,今日头条之所以能够非常懂用户,精准推荐出用户所喜好的新闻,完全得益于算法,而正是基于个人动态关注与阅读数据分析的个性化精准推荐,根据个人数据进行持性优化和改进,最终成为个人的"私人信息秘书"。

第二篇 构建开放式战略 重塑价值创新力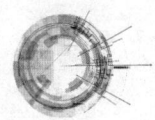

二、突破企业围墙边界，重构价值创造方式

1. 从"一体化"走向"平台化"

一体化一直是规模经济背景下的重要战略选择和组织形式，在企业外部环境变化不大的条件下，可以降低交易成本，有效屏蔽竞争对手，以及获得规模经济效益等诸多优势。当企业外部环境变化较大时，一体化所表现出来的组织刚性，就不能很好地适应技术和市场的变化。新商业时代，要求企业在组织创新活动时，必须具有灵活性、敏捷性。企业平台化就是企业从原来封闭的组织变成开放的生态圈，可以整合全球的资源来完成目标，从而演变为一个可以自循环的开放生态圈。平台则是网络经济背景下的重要战略选择和组织形式，它是一门开放与封闭动态平衡的艺术，能够使企业的创新活动同技术和市场的变化共同演进，同上下游的相关合作方的创新共同演进。

企业领导考虑的不应该仅仅是一个企业，而要从更高层面上思考和领导整个价值链。需要对供应商进行管理，对合作伙伴进行管理，对物流系统进行整合。管理能力也不仅在企业内部，还要延伸到产业价值链的外面。一是对供应商本身的管理，即对供应商的认证、对供应商的评比、对

供应商的激励和稳定的供应链系统。另一方面要帮助供应商去提高能力，帮助客户去提高能力。

企业面对未来的不确定性，平台模式比传统线性模式拥有更强大的弹性和高度适应力。在新商业时代，单个独立企业的创新已经赶不上外部环境变化的步伐，创新更多是由多个企业在一个平台上相互合作完成的，创新的边界已经超出了企业既有的边界。创新的挑战已经从企业内部走向外部，面对技术和市场的快速变化，通过合作伙伴之间的协同与互补实现创新，在这个创新生态系统中，大家为了共同的目标，相互合作、共同演进，利益共享，以最快的速度实现创新，满足客户多变的需求。海尔、苹果、谷歌等企业的价值创造，是由它们的创新平台和生态系统支撑，而不是企业独自完成的。从本质来看，平台是一套规则，规定了人们围绕某种经济机会进行互动的方式，苹果帮助程序员寻找新的机会，通过开放平台让创新技术能够以可感知的方式表达出来，在成全他人的同时成就了自己。

案例：苹果 App Store 平台模式

苹果公司利用其 App Store 平台，整合了下游若干软件商。只要你有能力，就可将自行研发的程序放在苹果程序商店 App Store 进行销售，每被下载一次就获得 0.99 美元（价格由程序设计者来定，可以定价 0.99 美元或者更高，或者免费）的收入，设计者拿 70%，苹果公司分得 30%。苹果商店还提供用来设计小程序的软件包 SDK，售价为：标准版 99 美元，企业版 299 美元。苹果仅向开发者分成就达到 100 亿美元！

苹果以多种策略推动第三方开发者积极参与进来，针对 iPhone 操作系统推出的 SDK 开发工具包，除了每年缴纳 99 美元的注册费门槛之外，没有其他费用。任何人都可以加入到开发者的行列之中，不管你是个人还是

第二篇 构建开放式战略 重塑价值创新力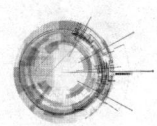

大名鼎鼎的制作公司,都一视同仁。此外还有风险投资为一些遇到瓶颈的创业开发者提供资金保证。这种众生皆平等的做法,解除了开发者的后顾之忧,可以高效地投入到产品开发中。App Store 每天新发布的应用数量都在持续增长。

产品上线审核后才能在 App Store 这个平台上交易。审核主要是从用户的角度出发,对产品进行测试,以保证用户购买的应用程序可以正常运行。此外,为了方便用户横向比较不同的产品,苹果还加入了对应用程序打分和发表评论的功能,这对用户在购买前加强对层出不穷的新应用的了解,是最为便捷的一个途径。

App Store 的营销模式是完全基于平台自身的自营销体系。以平台为中心,向上帮助开发者把应用推荐到用户眼前,向下帮助用户找到他需要的应用。主要营销推广手段包括:搜索引擎——帮助用户根据关键词搜索找到想要的应用;排行榜——按照用户的喜好,基于 24 小时的真实下载数据,推出各种排行榜。排行榜不会显示过多的应用,让用户眼花缭乱,而只是列举前 8~10 个应用程序;广告位——为大型应用程序开发商提供广告位。在应用介绍中,将应用卖点、价格、评论等在显著的位置展现。尤其是配备画质一流的截图,让用户第一眼看到就被吸引,就想马上进去看看里面有多好玩,至于花费 0.99 美元还 1.99 美元——这时候已经无关紧要了。

此外,苹果还经常会公开一些数据分析资料,帮助开发者了解用户最近的需求是什么,并提出指导性建议,指导开发者如何给应用程序定价、调价或是免费。具体,如商务、医疗保健、金融理财类应用的价格较高,应用占比较小,销量一般较低;平均价格不到 2 美元的游戏、娱乐类应用的占比非常高,销量非常好,通常占据着 Top10 排行榜。在 App Store 里 1 万个应用程序当中,有 23% 的免费应用,其余付费应用占 77%。苹果并没

有因为零收入而对免费应用歧视,相反,鼓励开发者选择适当时使用免费策略吸引用户,制造流行之后再调整价格,从而得到更多收益,使应用不会一出生就石沉大海。

苹果 App Store 聚集了大量的开发者和超高的人气,也给运营商带来大量新的流量收入。

App Store 平台上大部分应用价格低于 10 美元,并且有约 20% 的应用是供免费下载的,官方应用商店 App Store 的应用下载量已经突破 500 亿次,总活跃账户数也达 5 亿。

App Store 平台模式的意义在于为第三方软件的提供者提供了方便而又高效的软件销售平台,成为第三方软件的提供者参与其中的积极性空前高涨,适应了手机用户们对个性化软件的需求,从而使得手机软件业开始进入了一个高速、良性发展的轨道。

案例:9 开放平台模式

对于一个成立仅 6 年,市值就高达 700 亿美元的互联网公司,脸谱网在当今可算是一个传奇。如今,提到互联网公司,更年轻的网民首先想到的已经不是谷歌、雅虎、亚马逊,也不是聚友网、Youtube,而是脸谱网。如今,脸谱网以 10 亿的注册用户,4000 亿美元的市值已经成为全球最热门的社区网站。

相比于国内的 SNS 网站屈指可数的应用内容和乏善可陈的游戏,脸谱网的应用可谓应有尽有,这是因为脸谱网从一开始就是一个开放性的平台,脸谱网向第三方提供接口,双方按照提供的内容进行收费和分成。如今,在这个平台上,生活、商务、游戏、娱乐等几十个领域里有超过十万量级的应用。这些丰富的应用保证了用户的黏度和忠诚度。

官方数据显示,脸谱网平台上运行的各种第三方应用不下 2000 种之

第二篇　构建开放式战略　重塑价值创新力

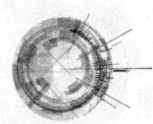

多，而在其开放平台 F8 上，有多达 8000 种的第三方应用程序正在被不断地测试和利用。这些应用不但为脸谱网带来用户数的几何级增长，同时，也使在 F8 平台上开发应用程序的网站，依靠脸谱网平台海量的用户群一夜成名，用户数暴涨。（资料来自中国经营报。）

2. 构建"小核心、大外围"

过去，企业由于寻找合作商、商榷合同以及确保工作按要求完成的交易成本很高，所以企业往往会选择在内部而非通过外部合作来完成工作。如果在企业内部组织的一笔额外交易与通过在公开市场上完成同一笔交易或是在另一个企业中组织同样交易的成本相同，企业倾向于扩张。内部管理经费的确要比外包交易成本低，他们尽量将工作放在企业内部完成，在不得不走出办公室时，他们也会选择与那些可以严密控制的小规模团队合作，形成封闭式的企业网络。

时至今日，企业不再对封闭式的体系进行最大限度的扩展，而是将越来越多的业务外包出去寻找合作伙伴，与更多且更多样化的合作伙伴建立网络。因为互联网的出现，让交易成本急剧下滑，多数企业采取这种方式，就是为了方便运营和降低成本，通过将工作分包给劳动力较为廉价的市场，企业可以削减成本；通过将部门职能分包给具有专业化资源和能力的合作伙伴，可以提升企业运营效率。互联网建立的最初目的就是促进协作，数字时代的大多数创新都是多人合作的结果，与合作伙伴协作创新可以让企业发挥更大创造力。

单个企业的思维惯性往往会使创新偏离顾客的真实需求，而外部创新资源更加贴近顾客，更熟悉顾客需求趋势的变化。诺基亚在智能手机时代到来后依然执着于手机性能的改进，没有放弃封闭的塞班操作系统，更没有意识到竞争的主战场已经变为了手机的智能化。谷歌公司推出的安卓平

台则以其开放性吸引了包括宏大电子、T-Mobile、高通、摩托罗拉等众多厂商的加盟。这个开放手机联盟突破了单个企业的研发瓶颈效应,以每年615%的速度高速成长,短短3年间就从一个无名小辈变成了一方霸主。此外,庞大的企业规模使得原本技术领先的企业反应迟钝,而外部创新资源往往是中小型企业,能够对顾客需求迅速做出响应。

案例:百度开放平台创新

2017年百度在首届开发者大会上宣布,免费向行业开放DuerOS和阿波罗两大平台。

DuerOS是一款对话式人工智能系统,搭载DuerOS的设备,如玩具、冰箱、布娃娃,嵌入DuerOS系统的芯片后,可以和人以自然语言对话交流。可让用户实现影音娱乐、信息查询、聊天休闲、生活服务、智能家居、出行路况、实用工具、手机指令、个人助手、知识教育等10大类目、100种以上的功能操作。免费开放后,如玩具商、冰箱制造商可以在产品中嵌入DuerOS芯片,玩具、冰箱就可以和人对话,DuerOS将实现用对话式人工智能系统"唤醒万物"。百度DuerOS是基于人工智能的对话式第三代操作系统。第一代是PC时代,人们通过键盘和鼠标进行交互;第二代是移动时代,人们通过手指点击和触摸进行交互;第三代是人工智能时代,人们通过语音进行对话式智能交互。DuerOS通过与诸多优质伙伴的合作,已抢占行业先机,随着进一步的生态开放,DuerOS作为中国版的Alexa将为更多硬件设备赋能。

阿波罗计划:向所有汽车厂商免费开放无人驾驶技术。阿波罗1.0开放平台完整的技术架构包括软件平台、云端服务平台、参考硬件平台、参考车辆平台四大部分,通过四层架构全方位构建能够实际运行的自动驾驶系统,通过开放环境感知、路径规划、车辆控制、车载操作系统等功能

第二篇 构建开放式战略 重塑价值创新力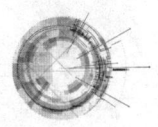

的代码或能力,并提供完整的开发测试工具。任何一家汽车厂商,利用百度开发出来的能力,几乎不费吹灰之力就可以应用世界上最顶尖的无人驾驶技术,快速搭建一套属于自己的完整的自动驾驶系统。目前阿波罗平台首批已经生成50多家汽车厂商生态圈,其中包括汽车配件商。汽车厂商包括奇瑞、一汽、长安、长城、博世、大陆等。合作宽度上现已辐射原始设备制造商、一级供应商、核心供应商、出行服务商、新兴公司、基金投资机构、相关政府及研究机构,是目前全球涵盖产业最为丰富、最为全面的自动驾驶生态,并放眼全球市场,与博世、大陆、英伟达等国际合作伙伴达成合作。

无人驾驶被视为下一波科技革命的风口,无人驾驶技术亦被视为汽车行业门槛最高的核心技术。为攻克它,通用花了10亿美元收购Cruise,福特花了10亿美元收购Argo.AI,优步花费了6.8亿美元收购OTTO同时在匹兹堡投资10亿美元,大众、丰田、宝马、奔驰在这方面的投入都将会以几十亿美元计算,招募的工程师数以千计,谷歌为此已组织尖端团队攻关了8年,这若干年中,仅仅一个工程师的薪资,他们就支付了1.2亿美元。百度一出手,颠覆了现有的商业模式。全球无人驾驶版图上掀起腥风血雨,很多大公司上千亿美元的前期投入几乎统统都打了水漂!

对于无人驾驶而言,AI算法,超强的计算能力集群,对百度、阿里巴巴、腾讯这样级别的公司都不是门槛,唯一的门槛在于数据,以及因为数据的增加而持续产生的能力提升。百度的策略十分明确,为广大汽车和交通生态中的合作伙伴提供免费无人驾驶解决方案,越多的车辆使用百度的技术平台,就能获得更多的数据,以及通过数据,持续训练自身的无人驾驶水平。数据!一旦这个闭环形成,阿里,腾讯,华为,谷歌等公司想替代百度将困难重重。在逐步消灭竞争对手之后,百度对整个生态系统将具备制定游戏规则的能力,最终试下对整个生态的统治。

3. 创造一个没有围墙的公司

过去,企业管理者总是纠缠于内部协调问题,在新商业时代,企业应该将视角扩展到包括客户、合作伙伴等企业外部的资源。全球经济一体化以及信息技术的发展使得社会资源在更大的范围内自由快速地流动,善于发现、接入和应用互补性资源,在更广阔的范围内解决封闭条件下不能解决的问题,把外部的资源视作企业的一部分进行管理,让各利益相关方和各个机构都能参与进来,从封闭竞争走向开放合作,共同携手创造价值。

公司的组织结构图显示了一个由员工组成的金字塔,是根据雇佣关系的法律性质确定组织边界的。而其实,我们应该问问自己,为什么我们的销售代表出现在我们的组织结构图上,但是,我们的经销商的销售代表却没有?为什么我们的人力资源副总裁出现在我们的组织结构图上,而那个购买我们40%产品的连锁商店采购经理却没有?

创造一个在客户和合作伙伴之间没有围墙的公司,让企业的创新资源在更大范围内整合。许多先知先觉的企业,如英特尔、宝洁、华为等企业很早便预测到了全球化对企业创新发展的影响,纷纷形成了国际化的研发团队和创新联盟。例如,宝洁启动了"技术型企业家"计划,使全球50多万名独立发明家成为宝洁的创新服务提供商。宝洁提出技术问题,就可以从世界各地得到建设性解决方案。当这些发明家有某些重大创新时,也会优先出售给宝洁。

芝加哥有一家T恤公司,T恤能否畅销最重要的决定因素是T恤上面的图案好不好看,图案的设计非常重要。这家公司找了很多的设计师来开发这些图案,研发设计部门是他最具核心竞争力的一个部门。可是他们发现这些设计师再怎么开发还是没有办法满足消费者多元的需求。在这种情况之下,公司把设计部门开放给外部的人来参与设计,包括给大众,给客

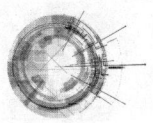

第二篇　构建开放式战略　重塑价值创新力

户来设计，给供应商来设计，每星期举办一个大赛，让这些好的设计，受到大家欢迎的设计产品能够浮现出来，他们在大量生产的时候就更加有信心，因为这是消费者的需求。

作为《财富》500强公司之一的通用电气担心他们自己的工程师无法与身边的快速创新保持同步，因而上线了Quirky平台。网络上的任何人都可以向通用电气公司提交一个全新产品的创意。每个星期，通用电气的员工都会投票选出当周最佳创意，然后开展工作使其变成现实。如果一个创意变成了一个产品，创意的提出者也会挣到钱。

案例：《赫芬顿邮报》——将读者变为记者

《赫芬顿邮报》号称"互联网第一大报"，2011年2月，美国在线以3.15亿美元收购该报。在当时，美国报业整体正处于下行期，整个行业都在为广告跳水、发行量骤减，以及读者向网络免费新闻迁徙而苦苦挣扎之时，《赫芬顿邮报》却一枝独秀。

这是因为《赫芬顿邮报》有自己的独家秘笈。像特斯拉的开源专利、安卓开源性平台一样，《赫芬顿邮报》把读者变成了记者，这也是其在整个行业不景气的时候还能取得佳绩的法宝。通过这个策略，《赫芬顿邮报》成功拥有了1万多名"公民记者"，这类似于传统媒体的"通讯员"，他们每时每刻都在为该报提供报道。在2008年美国大选期间，《赫芬顿邮报》将一个采访任务分给50~100名"公民记者"，这些人每天用一个小时，就能完成一个记者两个月才能完成的工作量。《赫芬顿邮报》将这称之为"分布式新闻"。这种方式网罗了大量高质量的撰稿人，用户生成内容（UGC）的能动性得到激发，媒体才能真正活起来。

《赫芬顿邮报》这种建立在社区基础上的内容生产模式，值得从事内容生产的公司借鉴。它只有150名带薪工作人员，但依赖超过3000名投稿

者为每一个可以想到的话题制造内容。它还有另外 12000 名"公民记者",这是它的"眼睛和耳朵"。它的读者也生产了网站的许多内容,每个月有多达 200 万条投稿。《赫芬顿邮报》的共同创建人乔纳·柏瑞蒂(Jonah Peretti)认为新闻模式再也不是一种新闻传递的消极关系,而是"一个在生产者和消费者之间共享的事业"。

这种所谓"共享事业"是个同心圆模式:内核是网站最坚定的具有原创能力、质量非常高的博客作者;外面一环是公民记者,散布在美国各地;而最外的大环则是读者,在这个过程当中和网站博主发生互动。这种新的、更开放的新闻模式可以被视为一种"众包"模式,其中两个重要的贡献群体是博客与公民记者。总之,开放式平台对于媒体固有的采编形式是一种颠覆。

4. 开放式平台创新

企业仅仅依靠内部的资源进行高成本的创新活动,已经难以适应当今快速发展的市场需求以及日益激烈的企业竞争的需要。在创新资源实现全球化流动的今天,企业面临的市场需求多样化程度呈几何级数上升,正如英特尔前总裁安德鲁·格鲁夫所说:如今的商业竞争已经发展到了"快鱼吃慢鱼"的十倍速时代,以往的封闭式自主创新已力有不逮,并显得不合时宜。封闭只会使企业在创新的道路上越走越窄,适度地将企业所拥有的平台开放才能不断吸纳新的力量,使企业创新之树长青。

曾经的全球社交网站老大聚友网被脸谱网超越的原因就在于,脸谱网在 2007 年宣布开放,引入第三方开发者进行应用程序研发,而聚友网依然坚持所有程序都自行开发。目前其访问者已不足 2000 万人,而脸谱网的用户则高达 20 亿。即使不考虑技术资源等限制,封闭式创新也要耗费企业很长时间,可能一项新技术还未完全实现商业化,市场需求就已经发生了变

第二篇　构建开放式战略　重塑价值创新力

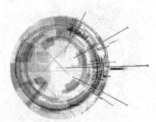

化，加之研发结果本身具有不确定性，企业实现突破性创新的机会成本和风险是一般企业不敢于承受的。开放式平台创新则能够为企业插上隐形的翅膀，企业将自己所拥有的"平台"适度开放，通过合作研发实施创新，不但能够做到快速、精准、全面，而且可以与合作者共担成本和风险。

不少过去以创新而一举成名的企业，由于创新惰性、技术路径依赖等原因碰到了创新的天花板。搜索技术的先行者雅虎被谷歌狙击，在创新上步履蹒跚；发明了随身听、特丽珑影像技术，以"日日创新"为信条的索尼因远离消费者需求而被市场抛弃。企业需要注入新的血液和能量以获得更加开放的视野，但是，企业不可能掌握和获得所有先进的创新资源，开放式平台创新能够为企业创新发展提供"绿色快速通道"，不仅能够为企业节省人力、财力和时间成本，还能以更快的速度同时取得"质"和"量"的优势。

开放式平台创新力量源泉在于平台开放所带来的集聚和整合效应。Rovio公司本来是芬兰一家濒临倒闭的小型游戏开发企业，iPhone成了它最后一根救命稻草。经过细致的调研，Rovio认为"每个人都可能是iPhone的用户"，并根据这一特质设计出了一款剧情简单，不需要攻略，适合所有人玩的游戏——愤怒的小鸟。魔兽世界用6年的时间才取得1200万用户，而愤怒的小鸟仅仅花了9天，目前此款游戏的玩家已经突破7500万，并为Rovio公司赚进5亿人民币，而平台拥有者苹果公司自然也收入颇丰。

开放式平台创新能够极大地提升企业的创新能力，其效果取决于平台本身的吸引力、接口的开放性、友好性以及外部创新资源的能力，以及扶持与培育等诸多因素。苹果公司将其操作系统对外开放，允许第三方软件开发商为其开发应用软件，并建立了外部创新资源甄选和扶植机制。苹果通过Apple Store的审查机制对第三方开发的应用软件进行筛选，粗制滥造的作品会被拒绝，只有真正有用或是能提供某种形式持续娱乐的软件才会

被批准。由此，丰富的应用软件提供了更好的顾客体验，提升了 iPhone 的顾客粘性。苹果 App Store 上线 5 年的时间，应用 App 达到 90 万款，下载量已经突破 500 亿次。苹果应用商店的应用下载收入是其他所有平台的 3 倍；用户平均每天下载的 iTunes 音乐的数量就达 2000 万首。

案例：宝洁研发整合模式

在过去相当长的一段时期内，宝洁公司投入了 15 亿美元的研发资金，研制出了 2.7 万项专利，但仅有 10% 用在宝洁产品上。

直到 2007 年，宝洁建立了"C+D"（联系+研发）英文网站，遍布全球的研发人员可以向宝洁提交研发建议，并确保这些建议可以在两个月内得到回复。宝洁还启动了"技术型企业家"计划，这使得全球 50 多万名独立发明家成为宝洁的创新服务提供商。当宝洁提出技术问题时，就可以从世界各地得到建设性的解决方案。当这些发明家有某些重大创新时，也会优先卖给宝洁。

此外，宝洁评价创新的标准也从以前的注重产品的性能、专利数量等改为注重可以感知的顾客价值，宝洁还确立了一项标准：如果自己的某项专利技术在 3 年之内没有被公司内的任何部门采用，那么就将其出售给别人，甚至包括竞争对手。实行开放式创新以来，宝洁的研发生产力提高了近 60%，创新成功率提高了两倍多，这使得曾经暮气沉沉的宝洁公司在 2007 年全球最具创新能力的企业中名列第六。

5. 互联网时代创新民主化

在互联网时代成长的新一代消费者的创新热情和能力彰显出巨大的能量和商业价值，以"用户创造"为代表的创新民主化成为新趋势。互联网新生代的特征，大量受过教育，并有自由时间和强烈的分享欲望，这些人

第二篇 构建开放式战略 重塑价值创新力

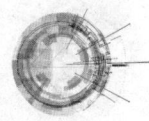

将碎片时间汇聚在一起，将产生巨大的社会效应。如，脸谱网成功的关键是具备认知盈余的广大客户参与。最近几年，互联网网民一个显著特征是从"信息贡献者"向"过程参与者"的角色转变，越来越多的人愿意参与公司产品的创新过程。

为了适应这种新趋势、利用这种新力量，企业需要建立相应的互联网平台以便于客户参与创新，并具有优良的线上线下机制来寻找、组织和激励这些客户。互联网对用户创新的推动作用并非简单的提高效率和提供工具，它让用户之间的互动与协作关系出现了网下所不曾有过的新价值特征，如"平等、受尊重、为社会创造额外价值"等。现代消费者有大量的零碎时间，他们可以利用其认知盈余参与到自己感兴趣的创新活动中，互联网让他们奉献的成本很低，但对于公司来说则有聚沙成塔的效果。目前流行的众创、众包等就是这一趋势的具体体现。如猪八戒网的众包商业模式，其就是通过竞赛的方式为商业需求提供最佳商业解决方案，公司会从众多的方案中挑选出最佳解决方案并支付奖金。如，有企业需要一个LO-GO，那么就可以为最佳设计提供一个报酬，设立的奖金越高，就会有越多的参与者参与到竞争中，最终在成百上千个提交的作品中遴选出最佳的，然后把报酬支付给设计师。在这个过程中，因为平台是开放的，意味着每个人的作品都公开可见，因而每个竞争者都会借鉴别人的创意并试图超越其他人的作品。从客户的角度看，在同样的价格下，众人所做的设计可能要远远好于单一设计师的作品。

三、突破目标客户边界,重塑价值创造逻辑

1. 重新定义目标客户

对销售人员而言,通常都习惯于将直接购买其产品或服务的对象视作客户,而客户的客户则不在其视野和考虑范围之内了。但在新商业时代,企业需要以更开放的思维,在更广的视野上,站在整体产业价值链上考虑,跳出只考虑现有客户的狭隘思维,把客户的客户也视为公司需要重点关注和照顾的客户,如此就会开辟一片新的天地,海阔天空。

案例:通河农产品批发市场案例

洛阳通河农产品物流园是豫西地区规模最大的集农副产品交易、结算、仓储物流、检验检测、商务办公、服务配套等多功能于一体的综合性农产品集散中心。物流园以传统农产品批发市场经营方式,以向一级批发商户出售商铺、出租摊位,依靠收取租金、交易服务费和物业管理费为赢利来源,下游为市区及周边各区县生鲜采购商,他们从物流园区批发蔬菜到当地向各零售市场及终端配送。现实情况是,园区大型一级批发商户有固定采购商对园区依赖度低,园区仅是提供了一个农产品周转的物理场

第二篇 构建开放式战略 重塑价值创新力

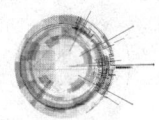

地。虽然物流园已吸纳了1700多家商户入驻，年交易额近30亿元，但服务费用可收取的比例低，甚至都不足以支付市场年度运营费用。如果提高费用收取比例，好多大型商户会越过园区，直接与有采购关系的客户在场外交易，物流园缺乏战略溢价能力。

园区要推动业务规模和赢利能力的增长，就要增加商户的交易粘性。客户黏性的增加，从根本上依赖于创新服务模式，从而为商户创造更大的增值价值。在实现商户更大价值的基础上，进而构建更加多元化的赢利模式，实现自身经营的良性循环。为此，物流园重新思考了客户定位，将采购商的客户，即各区县市场及销售终端纳入到客户范围。充分借助互联网技术手段深度介入客户交易环节，将传统场地交易实现"信息化"，进而实现远程交易"在线化"，形成"活的"数据，提供基于数据的增值服务，打造以有形市场为依托，无形市场与有形市场相结合、电子交易与信息数据服务相配套的农产品B2B电子交易平台，将各区县采购商转化为当地平台授权物流服务商，为一级批发商户和销售终端双方提供信息、交易、搜索、对比、询价、交易、支付等全流程服务，同时提供第三方认证、广告推广等服务。帮助一级批发商在线上展示企业形象和产品信息；帮助终端销售商快速找到供应商和物美价廉的商品，实现信息的快速传递，减少农产品在各环节滞留造成的损耗，在实现交易信息化、在线化的基础上，实现信息数据化和数据金融化，拓展大数据应用和供应链融资等延伸服务，以预购与预售方式，实现"以销定产""产地直供"，塑造新型农产品供应链，提升企业在价值链中的地位。更好地服务于整个交易链条，成为交易链条的组织者，获取增值服务收益。

案例：通威股份

通威股份以饲料起家，为了提高其饲料主业的竞争力，以终端消费者

越来越重视食品安全为契机,致力于打造品牌鱼、品牌猪。以健康食品带来的超额收益将控制力延伸到产业链上游的养殖业和下游的加工、流通。反哺饲料主业,保证其盈利增长和规模扩张,打造了"养殖(水产、畜禽等)—饲料加工—初加工—深加工—流通"的完整产业链。

通威原来的模式是:以饲料起家,将生产出来的鱼、猪、鸡、鸭饲料卖给养殖户。将养殖户作为公司的客户,在经营过程中,通威发现客户的客户——消费者对食品安全日益重视,健康食品成为消费者追捧的热点。而要制作出健康食品,就要将"养殖-加工-流通"的产业链紧密结合起来,上下连通,实现"由农户养殖到消费者消费"的全过程监控。循着这一思路,通威利用身为饲料企业处于产业链中间环节的优势,将产业链上游的养殖业和下游的加工、流通贯通起来,将客户的客户——社会大众也作为公司服务的目标客户,再与养殖户建立契约合作关系,建立集中的养殖基地,向养殖户提供科学的养殖方式。养殖户按照通威规定的方式养殖出来的产品,被贴上"通威鱼""通威猪"的标签,成为品牌商品。打造通威鱼的健康食品概念,将产品送往超市、农贸市场或餐馆、酒楼等地进行销售,充分利用网络媒介,建立通威鱼主题网站,来强化"通威鱼"健康食品的特性,扩大品牌效应。将上游的养殖业和下游的流通领域结合成一个较为紧密的利益共同体,打通了原本处于分割状态的产业链。使得通威产品比同类产品售价高出20%以上,这也使得通威品牌连续八年入列"中国500最具价值品牌"榜。

2. 所有价值链参与方都应视作公司的客户

未来的企业,需要重新思考和定义客户关系,不只是与客户的关系,还包括与供应商、合作伙伴、员工,甚至是竞争对手的关系。所有价值创造的参与方(包括员工、顾客、供应商、合作伙伴、投资人、政府机构和

第二篇　构建开放式战略　重塑价值创新力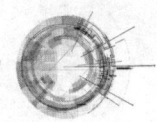

社会大众）从广义上讲，都应是公司的客户。

所有取得伟大成功的企业，无不是为所有参与方都创造了独特的价值：让顾客满意，让员工幸福，让社会更加美好。与供应商创造供应的合作伙伴关系。与合作伙伴的博弈，变成与合作合办结成利益共同体；与市场的博弈，由松散的、利益相对独立的关系，变为紧密的、利益融为一体的利益共同体关系。由"你"和"我"的关系变为"我们"的关系，消除厂家与商家为追求各自利益而造成的冲突，共同致力于提升价值创造的能力。

在互联网大潮中取得巨大成功的马云也曾提出同样的观点，在乌镇世界互联网大会的演讲中，马云谈道："做任何生意，必须想到'3W'，3个'Win'：第一个'Win'，是客户Win，做任何事情，客户首先要赢；第二个'Win'，合作伙伴一定要赢；第三是自己要赢。3个'W'中，少任何一个'Win'，这个生意都没法持续下去。"这里马云所谈到的3个"Win"，正是所有与企业组织有关的主要利益相关者——与企业这个组织密切相关的人的"共赢"。

星巴克咖啡致力于通过以道德采购的方式购买高品质的咖啡豆，精心烘焙，并提高种植者的生活水平。星巴克和顾客真诚沟通，分享快乐，并提供振奋人心的生活体验——哪怕只是片刻时光。当然，这一切都是从承诺制作一杯完美的饮品开始，但具体工作还不止如此，他们工作的真正核心是连接彼此。因此，每家星巴克门店也就成了顾客的心灵港湾，一个远离外界纷扰的港湾，一个与朋友相聚的场所。它使人们得以享受不同生活节奏带来的快乐，时而悠闲自得，时而步履匆匆，任何时候都充满了人文气息。

四、突破传统行业边界,打造跨界融合能力

1. 行业边界变得越来越模糊

互联网使人类合作的扩展变的无限广阔。在从 IT 时代到 DT 时代转换的当下,行业的融合在加剧,各行各业都在互相渗透,行业的边界越来越模糊。在移动互联、大数据和人工智能时代,一个制造行业的企业和一个软件行业的企业,极有可能跨界成为金融企业,一个金融企业也极有可能成为一个高科技企业,各行各业都在互相渗透,行业的边界也越来越模糊。比如,阿里巴巴到底是一家电商公司、技术公司、数据公司、物流公司、金融公司,还是娱乐公司?作为一家基础服务公司,阿里巴巴凭借自己卓越的客户体验无所不在,无时不在,无处不在,其使命就是赋能中小企业,让天下没有难做的生意。

创新往往发生于边缘地带。这里的边缘可以是行业的边缘、文化的边缘、学科的边缘、语言的边缘等等。近些年所流行的"互联网+",正是因为传统行业与互联网交融的边缘地带,目前提倡"第三种文化"(打破科学与人文分野的文化)的美国学者约翰·布罗克曼创立了"边缘网",就是因为意识到了边缘地带对于创新的重要性。纽约理工大学商学院刘贤

第二篇 构建开放式战略 重塑价值创新力

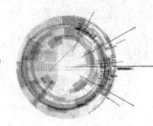

方院长曾经说过:"历史上一些革命性的技术进步,大多来自于极少数天才人物的创新。可是,一个行业,随着发展逐步迈入成熟期后,重大的技术发明也就越来越鲜见,因为技术和产品都很完善了,且因为前人的无数努力,几乎所有可以挖潜力的新路子都已被探索过,再要创新也就很难了。那么,重大突破往往产生于跨行业的整合——或在技术,或者其他资源。"

2. 从更高维度重新定义行业

在过去工业思维和产品思维的理念下,传统企业往往以自己所提供的产品定义自己所在的行业,难以跳出行业的羁绊,在行业面临大的变革时,错失发展良机,被时代所抛弃。如,营销学大师西奥多·莱维特在其常销书《营销短视症》中所指出的那样:铁路应该把自己视为运输企业,炼油厂应该把自己看作能源企业。他认为:铁路停止增长,并非需求萎缩,而是被其他的交通工具替代,铁路公司的管理者任由其他交通工具夺走自己的客户,是因为他们认为自己做的是铁路生意而不是运输生意。他们之所以错误地定义了自己的行业,是因为:他们以铁路为导向,而没有以运输为导向;以产品为导向而没有以客户需求为导向。

过去所谓行业的划分,本身就是工业经济时代以生产为核心的思维下的产物,从生产者的角度,根据属性的不同,分成了不同的行业,而从消费者角度来说,有的只是需求,实质并没有所谓的行业之分。从某种意义上说,人的需求是无边界的,企业自然也不应该有边界。过去曾经盛极一时的柯达、摩托罗拉、诺基亚、索尼、松下等企业的没落,一个根本的原因就是企业没有能够以更高的视角在互联网到来之际,重新定义自己的行业边界,被自己固化的行业思维所局限。几年前在竞争白热化的手机行业异军突起的小米公司,从开始给自己的公司定义时即明确指出自己并不是

非要做一款手机,而是要做一款"可以连接一切的职能盒子终端,只是样子恰好像手机而已"。

案例:德国安联全球救援——全球领先的救援服务

全球最大的保险集团安联在立足于本身保险业务之外,还利用已有的客户基础和线下网络,积极拓展行业边界,开展非保险领域服务。涵盖交通、旅行、医疗等多个产业,为客户提供卓越的救援服务。其全球60%的销售额来自于银行与保险等金融业务所衍生的服务需求,余下的来自汽车制造商、旅行社等客户。

安联全球救援主要提供三方面服务:汽车、旅行和健康。第一,汽车服务主要包括道路救援、意外事故处理和拓展保修服务,其中道路救援服务是安联全球救援的核心业务,具体包括现场快修、拖车服务、派送备用钥匙、递送燃油、电瓶充电、更换轮胎等各类汽车救援项目;第二,旅行服务包括旅游保险理赔、旅行医疗救援等;第三,健康服务主要针对高收入群体、中等收入群体和海外留学生,与保险机构合作提供差异化的健康保障保险产品,例如高收入群体所需的高保额、赔付范围扩大的产品,或留学生所需要的含全球救援和紧急医疗救援服务的产品。

通过以上专业细致的服务,安联全球救援为客户提供了更多元化的产品与服务,增加了客户贡献价值;并充分利用旗下各业务在品牌、渠道、资金等方面的协同效应,既扩大了客户基数,又通过交叉销售提高了客户粘性。安联救援在全球范围内取得了成功:在全球五大洲29个国家有35家分公司、1.3万多名员工,以及40万的合作服务提供商。平均每2秒接入一个电话,每小时帮助6038人,每年帮助超过2.5亿客户。仅2013年在全球共接到电话呼入5200万次,并处理了2300万个案件。

第二篇　构建开放式战略　重塑价值创新力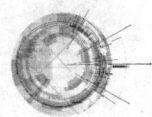

3. 创新就是要不断打破边界

在创新者看来，既定的行业划分只是统计用的把戏，而绝不该成为束缚自己思维的框框，在他们看来，规则就是用来不断打破的，不然社会如何进步。用柳传志先生的表述就是："自己写菜谱"而不是"照着别人编好的菜谱做菜"。

但在现实中，大部分传统企业都是在被行业领导者已经划分的领地中进行着激励的竞争，随着竞争的日益白热化，行业中各参与方的差距会以"回归"的走势逐渐缩小。所有的企业也就进入了深度同质化阶段，需要重新打破行业边界，才有可能创造新的行业格局划分机会。

以宝马、奔驰、通用、奥迪、丰田等为代表的老牌汽车，拥有全球近乎90%的市场份额，行业发展了近百年，内部上升空间极为有限，如果继续进行突破性创新就必须转向行业之外的新能源领域，可是获得这一突破的不是行业内的企业，而是行业之外的特斯拉。

案例：沈阳龙彪房地产公司跨界创新案例

在前两年房地产行业鼎盛时期，沈阳龙彪房地产公司陆续开发了沈阳龙盛家园、廊桥阳光和铁岭金地蓝湾三个楼盘。因公司之前缺乏房地产开发经验，管理层在摸索中前行，在公司资金充足时，在沈阳市郊租下了350多亩农业土地，同时在铁岭市郊青云山拿下了1000亩土地搞旅游开发。然而随着国家地产调控措施的奏效，房地产行业急转而下，公司资金回笼开始面临压力。当时的情况是：住宅销售70%，商业销售及出租不及30%，农业土地仅仅初步进行了整理，开始种植绿色生鲜蔬菜及饲养生态猪、羊等，公司还没建立品牌和销售网络，青云山旅游土地仅仅办理了土地证，还没有进行实质性开发。为了解决资金压力，公司管理层不得已开始考虑出售资产变现，但问题是，公司当时的几类资产，单独都没有溢价能力，只能折价变现。经过调研发现，实际上公司完全可以利用已有资源，进行开放性资源整合，突破行业边界，构建一套完整的具有资本价值的创新经营逻辑。

我们知道，近年来，伴随慢性病蔓延扩大化、亚健康常态化、人口老龄化等趋势愈加凸显，以健康产品和健康服务为核心的大健康新业态迅速兴起。健康理念从疾病的及时治疗转变为提前预防，而国家目前也在积极推进健康中国建设。鉴于此，笔者建议龙彪房地产公司积极突破行业边界，重新进行战略定位：以公司现有资源为基础，打造医养结合的服务新模式，构建新型大健康生态系统，业务涉及健康服务、绿色农业、旅游地产、个人和家庭健康数据管理服务为一体的综合性健康服务公司。主要举措如下：

战略举措一：以现有开发的商业空间为条件，整合市面上中医、健康、理疗、健身等服务门店进行战略合作，免费提供服务场地，进行统一运营与收银，获得收益后按比例给予一定分成。这样一方面可以帮助门店减少租金压力，另一方面也可发挥聚集效应，吸引顾客，同时为公司创造现金流和顾客流。

战略举措二：在商业空间开辟专柜，展示农业生态基地产品，为到店顾客免费提供健康餐食。

战略举措三：预售年度会员卡（健康卡）；开展联合促销（对办卡会员提供基地生态蔬果供应体验，生态基地亲子休闲体验，对购买生态果蔬顾客提供健康中心项目体验）也可以帮助公司创造现金流。

战略举措四：将青云山旅游区建设成为大型理疗旅游休闲中心，上述会员家庭可以享受各类优先体验和增值服务。在为顾客提供饮食健康、体质健康的同时，提供身心健康户外休闲服务，通过旅游区本身的价值和大

第二篇　构建开放式战略　重塑价值创新力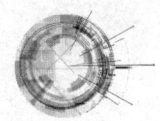

量的会员资源可以更容易与合作投资开发商进行溢价洽谈。

战略举措五：与各类健康保险、企业事业单位机构进行战略合作，为其会员和员工进行一站式健康管理服务，从而快速导入客流。

通过将三个本不相关的行业融合为一个完整的体系，帮助企业解决了客源的问题、现金流的问题、商业价值增值的问题。公司与过去的房地产行业还有关系，但关系已经不大，虽然不再容易把它定义为什么行业，但这已经不重要，重要的是，公司未来的成长空间是可预期的。

五、突破赢利模型边界，构建创新赢利模式

1. 从单一赢利到多元化赢利

在以科技、网络、开放、协作为商业本质的今天，企业必须突破过去单一的赢利模式，在实现独特客户价值的基础上，寻找更加多元化的赢利模型。在企业基础业务的基础上，思考企业可以实现的战略业务、增值业务和衍生业务分别是什么？企业未来主要采取哪一种方式获取价值？在存量经济时代，企业基础服务和收入模型成为行业内的常识和共同做法，企业要想在行业内赢得竞争，必须创新业务模式和赢利模型，将基础业务作为整合客户资源的入口或载体，布局战略业务、增值业务和衍生业务，构建多元化赢利模型，让企业在更高维度上脱颖而出，进入新的发展境界。如苹果公司依靠硬件产品来获得一次性的高额利润，同时依靠内容销售来获得重复性购买的持续利润，两种赢利方式相互加强，良性循环。

案例：彩生活——将成本部门转化为利润中心

传统模式下物业管理主要是由开发商来经营，经营物业很大程度是开发商销售的"鱼饵"，一直被房地产开发商视作成本中心而不是利润中心，

第二篇 构建开放式战略 重塑价值创新力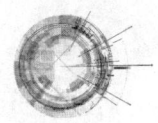

做物业服务是不得不做的"受累不落好"的业务。彩生活以开放式战略重构社区物业增值服务模式。因为它看到了一个巨大的市场机会,社区管理者实际上掌握着一个不小的流量入口。缴物业费、车费、报修、订餐、晒贴、打的、租房、洗衣服、买彩票、订机票、订酒店、学驾校、金融理财……"彩之云"的APP让人感觉,恨不得装下用户的全部生活。在"彩之云"业主APP上线之后,物管APP、商户APP也相继上线,物管能在线上查看投诉、处理报修、管理小区,商户能发布推广信息、察看经营数据等。业主通过手机、iPad、PC、服务终端、POS机,能接触的除了APP,还有网站和微信。如果业主在这些平台看中商品和服务,可通过"彩付卡"支付购买,然后到线下直接消费。

彩生活搭建的是一个围绕社区服务,发散出"金融服务、社区服务、物业管理、地产开发、商业管理、酒店管理、文化旅游、养生养老"八项业务八个平台的网络。

以"彩之云"商品服务里的水果团购为例,每个月做一款远低于市场价格的水果推送给业主,这些水果都是从产地直销,全部承包,联合国内顶级电商给业主做团购。剔除中间环节,便意味着节省了流通环节50%以上的成本。推一个产品,就是上百万的利润。

2. 从显性赢利到隐形赢利

赢利模式越多元化、越具有隐蔽性,竞争对手越不容易模仿。如当初的苏宁、国美,之所以能够在短短几年内快速崛起,将各地的百货大楼、区域家电连锁统统甩在身后,就在于其采用了与传统百货大楼不同的赢利模式。传统家电卖场以进销差价赢利,而苏宁、国美以创造现金流进行资本运作来赢利,根本不是靠进销差价,甚至也不依赖集中规模化采购或向厂家索要各类名目繁多的进场、促销、节庆等费用创造利润。

案例：麦当劳的赢利模式

麦当劳在世界各地生意兴隆的原因，除了作为强大品牌的因素外，店址的选择也是其中至关重要的原因。麦当劳其实并不只是卖快餐，它总结出了一套科学合理的制造快餐的程序、店面摆设的规则、店铺选址的秘诀，并最终利用麦当劳响当当的牌子以特许经营的方法扩张，麦当劳在很大程度上已变成了一家经营房地产的企业。目前，麦当劳在全球 100 多个国家拥有数万块黄金地段，麦当劳做房地产是跟快餐密切结合在一起的，在西方是采取特许经营的方式。麦当劳首先把一个特别好的店铺租下来，一租 20 年，跟房东谈好了 20 年租金不变，然后吸引加盟商，把这个店铺再租给加盟商，并且再增加 20% 的租金，以后根据这个地产升值的情况，进行成比例的递增，麦当劳认为自己赚的钱是地产的钱，而不是麦当劳快餐的钱。

在新商业时代，企业产品的目标顾客市场之间是一种网状的关系，在这种关系中，所有经济活动都具有某种外部效果，在企业价值链环节之间、企业与企业之间，企业与顾客之间可以引入第三方利益相关者买单，把企业之间的竞争博弈的赢利模式转化为合作共赢的赢利模式。也就是互联网界那句名言："羊毛出在猪身上，让狗来买单。"

案例：梦露内衣以赠送模式创造利润

现在市场上有一个叫梦露的女式睡衣品牌，销售价格为 188 元，款式有吊带和齐肩两种，颜色有橙色和紫色两种"梦露"在进入市场之初采取了别出心裁的营销模式：睡衣免费送，顾客只需支付 23 元的快递费，并且支持货到付款，支持退货。这种营销方式，消费者不承担任何风险。这也就意味着顾客只需花 23 元快递费就可以拿到一件价值 188 元的女士睡衣。

第二篇　构建开放式战略　重塑价值创新力

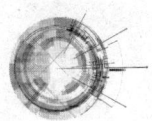

在营销第一阶段,"梦露"就送出了1000万件,价值18.8亿元人民币。表面看,"梦露"亏大了。但算一笔账你会发现"梦露"的精明之处:

1. 采取直接从义乌小商品批发市场联系货源,这样可以使成本降得很低。

2. 制作夏天的女式睡衣,款式简单,省布料,实际制作成本不足8元。在传统销售模式下,这款价值8元的睡衣在商场里可以卖到188元。

3. 在物流选择上,因为夏天的女式睡衣很轻,又很小,一个信封就可以装下,这样快递费用可以控制在5元以内。此外,在网站的营销上,只要成功送出一件,网站就可以有3元的提成,这样很多知名网站也都积极为梦露做广告。

通过上述措施,"梦露"仅在营销第一阶段的送睡衣活动中就赚了近7000万元。

3. 从一次性利润到持续性利润

随着制造服务业时代的到来,企业将是全生命周期服务。建立在此基础上企业的赢利模式也将发生根本的改变,过去主要以销售产品赚取一次性利润,至多售后服务作为额外收益,对大部分企业来说,售后服务企业是不得已要做的事情,往往将售后服务部门当作企业的成本中心,而非利润中心。在新商业时代,企业的利润区发生根本性转移,将更多的关注点和赢利点放在服务端,将售后服务部门转化为企业的利润中心。企业实现了产品销售,只是通过产品为载体与用户实现链接与互动的开始,企业以产品销售为入口,建立长期的"收费桥"模式。从一次性销售赢利转到按用量或服务周期收费。

案例:挪宝中央空调

挪宝电器公司是欧洲最大的电暖器制造商之一。挪宝中央空调与一般

的中央空调相比其优点在于省电,但是在进入中国市场之后,其原来的商业模式并没有体现出这个优势。

挪宝中央空调的使用者主要是酒店、公寓或大型公共场所(如机场)和住宅区的大量居民,终端客户则是掌握着这些大量使用者的大型开发商。挪宝采取的是典型的传统空调制造商的商业模式:销售设备,在以后的每次维护中收取一定量的佣金。对于开发商来说,要负担三笔费用:设备购买费、使用的电费和维护费。这里面最大的投入是电费,传统的中央空调每平方米一天需要支出1.5元。挪宝的商业模式和一般的中央空调相比并没有体现出差异性和自己独特的优势,因此,要迅速打开市场面临很大挑战。按照原来的销售模式,开发商购买一套挪宝中央空调需要600万元。假设使用10年,按照1万平方米每年使用300天计算,10年的电费为:1.5元/天/平方米×1万平方米×300天×10年=4500万元;维护费用为300万元;开发商一共需要投入600万元+4500万元+300万元=5400万元。

为开发商免费提供挪宝空调设备,签订10~15年的收费合同,合作期满,空调设备归开发商所有。酒店、公寓或大型公共场所(如机场)按面积收费;居民住宅按使用量收费。挪宝负责终端客户设备运营期间的电费和维护费。这一点,就打包了开发商原本费用中最大的一块——电费,把省电的优势体现出来了。最后,把每平方米收费定为1.2元,比原来电费每平方米1.5元的支出还便宜3毛钱。按照新的服务模式,仍然按照10年、1万平方米、每年使用300天计算,开发商只需要投入1.2元/天·平方米×1万平方米×300天×10年=3600万元。因此开发商肯定接受。经过测算,同样按照1万平方米每年使用300天计算,挪宝中央空调每年的电费支出还不到100万元,而每年挪宝从开发商身上可以收益360万元,除去相应的维护费用、设备折旧等款项,盈利仍然相当可观。挪宝之所以

第二篇 构建开放式战略 重塑价值创新力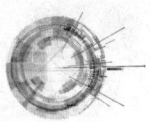

把每平方米1.5元的电费降到1.2元的设备使用费还有可观的盈余，正是由于挪宝中央空调非常省电。在这里，挪宝把省电好处的一部分让给开发商，换来的是开发商的极力拥护，迅速打开了市场局面。挪宝变隐性的省电为显性的费用节约，让客户看到实实在在的利益，从而得到客户真心支持，挪宝的角色就从一个设备销售商变成一个空调整体服务提供商了。

案例：立思辰

立思辰创始人池燕明在创业之初曾在清华大学校园内开复印店，为大学生提供打印和复印服务。后来他又成立了办公设备销售公司，专门做复印机的销售代理。这种模式很简单，本身没有任何优势可言。上游涨价，先款后货；下游压价，先货后款。赢利模式单一，靠进销差价，而且就是一次性赢利，经销商都会遭遇发展的天花板，很少有做强做大的，基本上是处于"混口饭吃"的状态。

通过与客户的深入接触，池燕明发现顾客的真实需求不是一件产品，而是产品背后能够实现的功能。针对打印、复印市场，企业购买的不是打印机、复印机，而是文件的处理能力。文件形成的背后是信息在企业内外部的传递，打印一份文件不是终点，而是文件处理的一个环节，从文件输出切入后，立思辰将服务的范围延伸至文件的整个生命周期，比如通过扫描将纸质文件转化为数字纸张，实现对文件的存储、分类和检索的有效控制。这样，服务就延伸到输入、检索、存储、信息安全、资产和成本管理等各个环节。

逐渐的，立思辰的业务发展由卖机器转化到帮助客户进行信息技术处理，大量软件的应用突破简单文件输出的范畴，扩展到文件处理的全过程，帮助客户进行"无纸化办公"，带来了更大的市场发展空间。

立思辰不断发展自己在文件处理领域内的咨询能力，成为顾客信赖

的业务顾问,不仅在文件输出环节实现全外包,而且通过与顾客前期的充分沟通,在清晰了解顾客的需求后,在文件生命周期的前期就负责整个文件管理的规划。说白了就是客户把打印、复印等活儿,从选择设备、配置软硬件,到设备安装及之后的维护、耗材等事情,外包给别人来做。立思辰的这种"文件管理外包服务",通常可以帮助客户降低10~30%成本。对于企业而言,它可以将成本控制在原来文件处理成本的预算之下。凭借专业化和规模上的优势,立思辰通过精准的成本测算,承接下外包顾客全部文件处理业务,从本来属于企业成本的领域中切下一块"利润蛋糕"。

此时,立思辰对设备和上游厂家的依赖越来越小。原来依靠代理厂家的产品赚取销售差价生存,现在依靠卖解决方案获得了顾客的依赖。立思辰在市场竞争中的话语权就越来越大。

立思辰的赢利来源是帮助顾客建立文件处理系统来获取赢利收入。立思辰已经不是在卖产品,而是向顾客提供打印、复印问题的文件处理系统的整体方案。

立思辰从产品经销商演化为内容管理咨询商和外包服务的提供商,针对不同行业、不同企业,从设备方案到应用软件开发、实施和后期的服务,全面协助顾客企业获取文件处理能力,提高文件处理效率、降低成本。从2004年大规模向服务转型开始,立思辰来自文件外包服务的收入增长率都达到了50%以上,同期的销售额增长约为25%左右。2009年10月,立思辰在深交所上市。

立思辰原来的赢利只有代理产品的差价,通过对客户的全生命周期管理,具有了持续性赢利能力。

第一个赢利来源:从上游供应商那里采购适合的软硬件,卖给下游客户,赚取差价。

第二篇 构建开放式战略 重塑价值创新力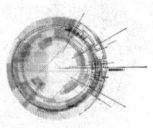

第二个是长期服务带来的收入：如打印、复印等外包服务，通常采取"按张收费"模式，这类客户约有六成；而视频解决方案，不仅九成客户会买设备，还会签1~5年系统维护合同，并支付服务费。

第三个赢利来源：客户系统长期运营过程中的改造升级费用，这形成了立思辰后续的利润来源。

4. 第三方买单模式

在网络经济时代，许多行业已经没有明显的边界，相应地，企业产品的目标，顾客市场不再是一一对应的关系，而是一种网状关系，所有经济活动的参与者都是不同程度的利益相关者。在这种关系中，所有经济活动都具有某种外部效果，所有经济活动的参与者都是不同程度的利益相关者，从而为企业之间的合作共赢提供战略空间。在企业价值链环节之间、企业与企业之间，企业与顾客之间引入第三方利益相关者买单，把企业之间的竞争博弈的盈利模式转化为合作共赢的盈利模式。正如《长尾理论》作者克里斯·安德森在《免费》中所指出的：世界就是一个交叉补贴的大舞台，交叉补贴可以有不同的作用方式——比如用付费产品来补贴免费产品，用日后付费来补贴当前付费，由付费人群来向不付费人群提供补贴。如金·吉列的剃须刀，以极低价格甚至免费赠送剃须刀，创造了对随弃式刀片的巨大需求，真正的赢利点来自于通过后续销售刀片实现赢利。

案例：中石化——未来加油或不花钱

中石化拥有旗下超过3万座的加油站以及超过2万家的快捷便利店。早在数年前，中石化就确定非油品业务将成为公司主营业务，从主要靠加油转向主要靠技术创新和服务增加价值。中石化的发展战略为"研发＋制造＋服务"，即技术引领制造创造商品价值，服务增加价值，开发潜在效益。

从油品提供商向综合服务商转变。

2014年8月12日,中石化销售公司宣布与顺丰签订业务合作框架协议,双方将主要在O2O(线上与线下联动)业务、油品销售、物流配送、交叉营销等领域开展三方面业务合作。两周之后,中石化又宣布与腾讯签订业务框架合作协议,在业务开发与推广、移动支付、媒介宣传、O2O业务、地图导航、用户忠诚度管理、大数据应用与交叉营销等领域开展合作。

未来,非油品业务经营量或超油品经营,非油品积分消费可折成油或现金,甚至可以实现不花钱加油。

案例:馨厨互联网冰箱

海尔也实现了不再主要通过出售冰箱等硬件来赢利,而是通过后期的生态收入来赢利。海尔推出了免费购冰箱计划,新款馨厨互联网冰箱以及场景商务平台,将成为其"硬件免费"计划落地的强大载体。新一代馨厨互联网冰箱采用了360度人感节能、厨房场景娱乐、家庭留言体验、食材保鲜管理、QQ物联等人工智能技术,并搭载了馨厨互联网冰箱独有的"屏生态"模块,整合了爱奇艺、蜻蜓FM、闪电购、一号店、海量食谱等资源。

相比普通的智能冰箱具备WIFI联网功能,海尔通过馨厨互联网冰箱搭建了一个场景商务平台,让冰箱具备了承载"厨房经济"的颠覆性价值。通过与易果生鲜、中粮等第三方合作,实现了"互联网冰箱+生鲜配送"的差异化消费模式。在互联网时代,互联网冰箱应该是一个平台,基于这个平台产生的生态,而不仅仅是食物储存器件;首先互联网冰箱通过传感器等智能化技术手段具备数据采集能力,这包括食材消耗数据、家庭饮食结构数据等等，数据被计算后会产生非常大的价值，还有很多娱乐的需求、菜谱的需求等等，对这个生态平台上合作的利益攸关方产生经济效益。"硬件免费"模式的进度，颠覆了传统冰箱的销售模式。

通过三种模式来推进馨厨互联网冰箱：（1）硬件免费＋生态服务收费；（2）成本计价（产品只收成本价）＋生态服务增值；（3）硬件收费＋生态服务免费。这三种模式打破了传统 B2B2C 的渠道策略，以直面用户的 C2B 销售方式来推动。

六、突破时空地域边界,建立新的关系链接

随着互联网、移动互联网和智能科技的飞速发展,通讯技术的更新换代,以及各种现代交通方式的不断进步,人与人之间的时空距离骤然缩短,整个世界紧缩成一个"村落"。人们与外界乃至整个世界的联系变得异常紧密。世界已经变成"平"的,时空的距离已经变得越来越小了。无论身在何处,企业只要能够连接上网,随时都可以掌握和了解全球动态信息,随时都可以在全世界范围内整合资源,与全球客户保持实时在线沟通。

1. 突破空间边界

互联网的最大优势在于它使我们突破了时间与空间的限制,计算机和分布式网络结合开启了一场让任何人可以在任何地方创建、传播和获取任何信息的数字革命。人们越来越容易能够直接从世界的各个角落获取他们所需要的信息,无论是找工作、和同事交流思想、和朋友联系,地域已经不再是什么问题,大家随时随地可以互联。远程协作、家庭办公、在线会议、远程医疗已经不再是什么新名词,商务人员可以与合作伙伴进行虚拟会议和谈判;销售人员可以在线向客户演示产品,而不用长途奔波到客户

第二篇 构建开放式战略 重塑价值创新力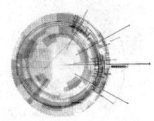

那里去了；客服人员也可以对客户的电脑进行远程操作，从而实现相关参数的设置和系统调试，可以在几分钟之内对用户的问题做出反应。从而帮助企业大大提高工作效率，降低运营成本。

如携程网、滴滴打车、饿了么等平台的崛起，都是跨越了地域和空间边界，依托互联网平台，在全国范围内整合线下宾馆出租车、餐饮酒店等资源；通过互联网平台，企业可以雇佣分散在各地的自由职业者构成网络作为服务提供者，他们可以做到瞬间完成任务；在快递行业里，可以让分布在各地的自由职业者送包裹上门；在设计行业里，如猪八戒网，可以让分布在全国乃至全球各地的设计师提供设计，而只对获胜者支付费用。

案例：乌镇互联网医院

2015年12月7日，乌镇互联网医院启动，其汇集了国内1900家医院、拥有超过20万位副主任、主任医师的医疗资源。医生和医生、医生和患者无须面对面，通过网络视频即可完成诊疗过程，包括开具电子处方和配药。患者只要能上网就能挂号，诊疗都在网上，药物还能送货上门，乌镇的互联网医院更像是个IT机房，成为全国第一个大规模实现在线复诊、第一个实现电子病历共享、第一个实现在线医嘱与在线处方的平台。

案例：火爆全球的Wheelys

Wheelys是在2014年成立的，在不到两年的时间已成功布局全球65个国家。至2015年初，Wheelys2诞生。这个长3米，宽1米，高2米的家伙尽管仍与三轮车外形相似，却"暗藏玄机"——主体是一个可随意拆分组合的集成箱，便于有更大空间储存食物和咖啡制作。并有咖啡、果汁、水果、巧克力棒和小蛋糕等多种模块选择。右侧加带了三个瓦斯炉，足以提供整车的热量；360度可旋转折叠收藏的小餐桌，减少了横占空间。车的左侧安装了使用太阳能的平板电脑，可以线上下单、预约取单，还能为顾客提供 WiFi 热点。Wheelys 不仅有微信公众号，更开发了自己独立的 App 平台，支持消费者线上点单、移动支付、原物料盘点、进货、库存管理等功能。Wheelys 的大数据部门还能根据每个摊位的特点，自动提醒补货并推荐数量，同时利用线上线下的数据互通和结合，抓取消费者的行迹，捕捉其口味习惯。

Wheelys 并不止于售卖咖啡，其还打造了一个接地气的互动平台，网罗世界咖啡达人。基于三轮车和 WiFi 在线上搭建了咖啡社区，通过平台将所有的摊主连接在了一起。用户可以在等待咖啡现磨或者消遣期间，通过社区与全世界的咖啡达人交流；更可以通过 VR 眼镜，领略全球各地 Wheelys 周边的不同地域风土人情，甚至与全球各地的咖啡摊主闲聊唠嗑。

途家：旅途上的家

当下，中国的旅游市场正在爆发式增长，景区酒店经常爆满，客人无法入住。但一方面，各处旅游点的好酒店资源极少，且价格极高。另一方面，据官方数据公布，目前中国的闲置房屋是 7000 万套，很多房子闲置 3～5 年。正是在此大背景下，途家应运而生，在全国主要旅游景区整合上游闲置房源，为异地不动产持有者提供入户管家服务，保持房屋最佳常态、常住常新，对接给出门旅行的游客，途家负责代为业主管理和租赁，将别墅、公寓照片发布到网上，使身在异地的业主可以随时掌握房屋动态，自住、出租均可，也可以通过平台交换其他旅游地的度假公寓的居住权，让自己的出行更方便。此外，途家还定期提供专业的市场价监控、经营报告和增值营销建议，实现业主闲置房屋灵活增值。途家的优势主要体现在以下几点：

途家愿景：帮助业主更好地管理异地不动产、使旅行者享受家一般的

第二篇　构建开放式战略　重塑价值创新力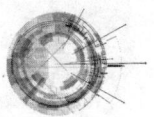

旅途。

途家使命：让不动产增值，与家一起旅行。

分成模式：当有客人入住时与业主以5∶5比例收入分成。

目标客户群定位：中高端、家庭、团队。

房源整合：直接与万科、万达、龙湖等房地产开发商合作，从业主买房、接房时就签下大批优质房源；招募大批房产精英，以保证拿到最好的房源。

专业运营：途家将形态各异的房源整合在一个网络平台上，供客户选择、预订、下单、支付、退房或者换房等，业主服务、房源交换，包括采购系统、服务系统等，都在同一个网络平台实现，大大降低了人工服务，实现流程和标准化作业。例如，途家的客人能通过自己的身份证来打开房门，从而轻松办理入住手续。

客流整合：途家以开放创新的心态，直接找到国内最大的旅游服务商——携程网，用股份置换的方式，换来携程的支持，轻松获得携程上千万的精准流量导向。

服务整合：途家通过招标整合当地家政服务公司，制定服务标准和考核方式。为游客提供贴心的专业管家式服务，包括：房间特色布置、保姆家政、全程专职司机陪同、厨师上门、物品代购、设施维修服务等，并绝对保护业主的私人信息不受侵犯。

2. 突破时间边界

互联网的实时在线化，让企业与客户保持"零距离"成为可能；移动互联网时代，人们可以时刻在线，保持实时化沟通，信息的传播速度与传统媒体时代相比已不可同日而语。人类进入了一个全新时代，这是一个无处不在、无时不可的沟通时代。互联网让服务在线化和智能化：

滴滴打车,让出租车、私家车实时在线,随时等待顾客下单指令,为顾客出行提供实时服务,并根据出行大数据分析,提前预测顾客的用车需求,将车辆调配到拟上车地点,从而大大缩短顾客用车等待时间;今日头条,为顾客提供个性化实时新闻推荐,让顾客第一时间了解和掌握自己关注的新闻。

互联网的信息数据化,让企业产品"零库存"成为了可能:据统计,我国企业的物流成本占产品全部成本的30%左右,其中库存费用大约要占35%,对于众多的制造业来说,不断增长的库存量已成为一种沉重的负担。互联网让企业管理者实现"产品零库存"成为了可能。通过企业与供应商和销售终端建立起紧密的、以互联网为基础结构的动态生态圈,实现企业和供应商、消费者的互动沟通。形成"前台一张网,后台一条链"的闭环系统,包括企业内部供应链系统、ERP系统、物流配送系统、资金流管理结算系统、遍布全国乃至全球的分销管理系统以及客户服务响应呼叫中心系统,形成以订单信息流为核心的各子系统之间实时在线化、无缝连接的集成。

DELL推行"黄金三原则"——摒弃库存、与客户结盟、坚持直销,提出了"以信息代替存货"的核心理念,与供应商实现精准迅速的信息交互,并进一步缩短生产线与顾客家门口的时空距离,以谋求库存的不断减少。据市场数据显示,戴尔在全球的平均库存天数可以降到8天之内,而康柏的同期存货天数则为26天。

三洋能源公司采用"以信息化流通代替传统运作模式"的做法,利用互联网技术全面监控下游客户每日的进、销、存情况,及时进行补货,上游的供应商则及时掌握企业原料的库存情况,及时补充,实现企业对产品、原材料等的电子化、网络化采购,保持存货量在最低水平。

林氏木业提出7天闪电发货承诺,这对于家具这样的大宗货品来说,

第二篇 构建开放式战略 重塑价值创新力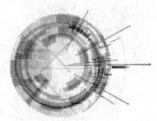

在互联网时代之前是难以想象的。林氏木业通过在线整合150家供应商资源,围绕商城大数据规划全年的货品生产计划,确定销售规模、商城布局、线上引流、合理安排仓储运作、调动物流服务公司,最大化优化工厂生产量和材料的应用,有节奏性地释放产能,从而实现"7天闪电发货"。

案例:科通芯城

科通芯城成立于2010年,是国内首家面向中小企业的IC元器件交易平台。短短4年时间,科通芯城的年营业额就已经接近100亿元。

在IC元器件行业,代理商服务一家大客户和小客户的流程基本上一样。所以同样的时间投入下,传统的代理商体系必然会忽略小客户。数以百万计的中小企业的IC元器件年采购额高达8000亿元,但中小企业缺乏正品元器件和售后服务是个普遍现象。

科通芯城采用移动互联网的方法和工具汇集起海量的中小客户,把成千上万的企业订单汇集在一起给供应商。用比较大的交易量跟供应商签换货协议,把卖不掉的货换新的来卖。

让中小企业拥有最顶级的供应商体系和价格优势以及大客户才能享受到的服务;替供应商为客户提供全方位的售后服务,通过社交媒体平台帮助供应商推广新产品和技术,通过与微信合作研发公众账号"芯云"平台,这是一个傻瓜式的前台,界面非常简单,在上面输入关键词或者语音询问一下,系统就会自动回答问题。将企业用户决策流上的三五个关键人物集中在一起,形成社区,进行集中决策,使决策信息快速传递,这使得原来需要几天时间才能沟通协调完成的决策,通过在线集中决策几分钟就可以完成。同时,该系统还可以根据需要,提示其他企业相关部件的采购信息作为参考,这大大提升了采购决策和沟通效率。同时,该系统还连通了 B2B 交易环节，准确计算到货时间，实现"零库存"，从而大大降低了客户库存积压成本，库存元器件还可以实时就近共享和调剂，客户重复购买率超过 90%。

第二篇 构建开放式战略 重塑价值创新力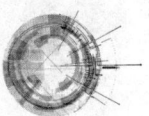

七、突破核心业务边界,开放自身资源能力

依据过去专业化分工理论,企业要专注于自身资源、技术优势的打造,构建让行业、竞争对手难以逾越的资源、技术和核心壁垒;在互联网时代,从相反角度思考,企业体现在供应链、核心技术、品牌等方面的资源与能力以及积累的相对较高的经营管理水平,可以通过将企业资源和专业能力市场化和社会化,打造一个共赢的平台,将企业所拥有的资源发挥出最大的效用,实现在更大价值层面的业务战略布局。

1. 开放自身优势资源

将企业过去多年沉淀和大力度投入所积累的优势资源、基础设施和核心技术向全行业乃至全社会开放,建立更加广泛的关系连接。通过自身优势资源的对外开放,让企业在更高层面上实现价值整合,提升企业在产业生态圈中的战略地位。

案例:京东物流向全社会开放

截至2016年9月30日,京东物流已经形成了中小件物流网、大件物流网和冷链物流网的三张网布局,拥有7个智能物流中心、254个大型仓

库、550万平米的仓储设施、6780个配送站和自提点，完成了对全国2646个区县的覆盖。京东物流已经成为了涵盖仓储、运输、配送、客服、售后等一体化供应链服务的解决方案提供商。为商家提供线上线下、多平台、全渠道、全生命周期、全供应链一体化的物流服务产品。

据国家邮政局2016年10月邮政业消费者申诉情况通告显示，每百万件包裹中京东物流的延误仅有0.09件、丢失损毁仅为0.02件，仅0.21件受到客户申诉，这三项指标均不到行业平均水平的1/10，获评行业最佳用户体验。京东物流将过去十年所积累的基础设施、经验和价值向全社会开放，服务中国商业社会，帮助数以百万计的商家降低供应链成本、提升流通效率，把客户体验做到极致。并希望借此成为中国整个商业社会的基础设施提供商。向社会开放三大服务体系：仓配一体化的供应链服务、京东快递服务和京东物流云服务。

通过对合作商家调查后发现：采用京东物流之后，合作商家的库存周转天数平均缩短8天，发货时效平均缩短2天，销售额平均提升87%，客户满意度平均提升113%。在仓配一体化服务之外，京东物流还提供标准的京东快递服务。目前京东快递已经在42个城市开通了免费上门接货，全年365天，不分节假日的全天候服务，提供多种时效产品和代收货款、保价、自提等增值服务。

对商家而言，京东物流可以实现其供应链成本和效率的双峰优化，解决商家在新的零售时代下遭遇的物流服务商众多、渠道库存分散、淡旺季差异大带来的种种管理与运营成本难题。对于消费者来说，随着京东物流的全面开放，消费者在京东第三方商家甚至在其他购物平台上购物也能享受到与京东自营物流同样高品质的服务，用户体验将大大提升，真正做到"安心购物、让生活简单快乐"；对于行业而言，京东将和物流合作伙伴一起实现更有组织的货物搬运和货物流动，提升供应链效率，同时将联动信

第二篇 构建开放式战略 重塑价值创新力

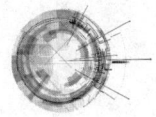

息服务商、金融服务商等伙伴,利用大数据,让整个供应链对消费者更加可视可感,使商家和消费者之间的链接更加高效。京东物流的开放是京东集团全面对外开放的开始,标志着京东将过去12年以传统方式构筑的优势和基础设施升级,向社会全面输出能力与价值。正如刘强东近日宣布的那样:京东物流未来5年来自京东平台的收入必须低于一半,10年后不超过20%。

案例:百度阿波罗计划——向社会免费开放无人驾驶技术

无人驾驶是下一波科技革命的风口,多少人对这块上亿美元的大蛋糕垂涎欲滴。全球近100家无人驾驶公司,包括像谷歌、华为、阿里、特斯拉、优步、通用、福特等巨头,在无人驾驶领域投入的钱,达到了上千亿美元!百度一出手,颠覆了现有的商业模式,在全球无人驾驶版图上掀起腥风血雨,上千亿美元的前期投入,统统打了水漂!

在百度的帮助下,制造商和应用服务商可以快速搭建一套属于自己的完整的自动驾驶系统,谁想用百度的技术,百度不仅免费奉上,而且还将帮助其搭建和辅助调教。任何一家汽车公司,利用百度开放出来的源代码,几乎不费吹灰之力就可以应用世界上最顶尖的无人驾驶技术。

开放的内容平台:车辆平台、硬件平台、软件平台和云端平台,百度将开放环境感知、路径规划、车辆控制、车载操作系统等功能的代码或能力,并提供完整的开发测试工具。

这个计划,被称之为"阿波罗计划"。此前产业界在无人驾驶领域的高达几百亿美元的研发投入将可能会打了水漂。

为广大汽车和交通生态中的合作伙伴提供免费无人驾驶解决方案,越多的车辆使用百度的技术平台,就能获得越多的数据,以及通过数据,持续训练自身的无人驾驶水平。一旦这个闭环形成,阿里、腾讯、华为、谷

歌等公司想替代百度将困难重重。在逐步消灭竞争对手之后,百度对整个生态系统将具备制定游戏规则的能力。

2. 开放自身专业能力

将企业过去多年积累形成的专业能力、经验和价值向合作伙伴乃至全行业开放,建立更加深度的合作关系,通过自身专业能力的对外开放,让企业在更高层面上实现价值整合,提升企业与合作伙伴的价值创造能力,释放企业专业能力优势。

案例:百度与农业战略合作——开放金融科技能力

传统银行并不擅长人工智能技术,对于技术投入力度也远远赶不上科技公司。如招商银行积极投资金融科技,但研发投入不及百度、阿里巴巴、腾讯、华为的十分之一,其将利润的1%拿出来投入,而互联网公司则是将营收的两位数比例投入到研发。

重视且擅长技术的互联网巨头瞄准传统银行的痛点,纷纷启动开放战略。百度与农行、京东与工商、阿里与建行分别达成战略合作协议,向合作伙伴开放金融科技能力。

人工智能技术是百度最擅长的领域,它在2013年就已建立深度学习实验室,现拥有超过上千名AI工程师,在语音、图像、自然语言处理诸多技术上形成了优势,同时百度还有人工智能技术要生效的海量大数据(不只是金融,还有社交、生活、娱乐、交易、位置等综合大数据),这些AI技术和大数据被应用到百度金融业务中。百度金融已储备了AI驱动的七大科技能力:智能获客、身份识别、大数据风控、智能投顾、金融云、智能客服、区块链。这些能力通过类似于"农行金融大脑"这样的平台开放给传统银行,可以说是雪中送炭。百度金融实现金融科技目标的"三步走"战

第二篇　构建开放式战略　重塑价值创新力

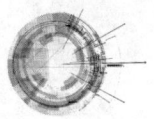

略——夯实金融业务、搭建金融平台、输出金融科技，在开放之路上人工智能技术会让百度金融走得更远。

案例：海底捞——开放自身专业能力

海底捞通过重新定义餐饮行业的极致化服务，成为了行业竞相学习的标杆，重新定义了服务和员工关怀的标准。当餐饮企业都在学海底捞服务时，海底捞又跑在了餐饮业前面，它将多个业务分拆独立、输出品牌与专业能力！打造成餐饮业的一艘航空母舰！

从一家餐饮公司变成为餐饮企业服务的公司，海底捞不是一个人在战斗：

①颐海国际——海底捞火锅底料的独家供应商，火锅底料、火锅蘸料及中式复合调味品研发、生产和销售，走入流通领域，进入超市销售，打入大众消费品渠道，目前已成国内第二大火锅调味料供应商，2016年7月13日在香港上市。

②蜀海国际——由海底捞的供应链管理系统分拆成为餐饮企业提供供应链托管服务的公司。除了给海底捞，还给7-11、全时、俏江南、青年餐厅等品牌提供整体供应链全托管运营服务，目前正在IPO进行中。

③蜀韵东方——由海底捞工程部门演变而来，为餐饮企业提供餐厅设计、产品供应、施工管理和后期服务。

④微海咨询——由原来海底捞人力资源部招聘中心、员工培训中心孵化而来，对全国中小规模餐饮企业、连锁经营服务业提供招聘、培训及咨询服务。包括针对企业决策者的总裁班，针对中层管理者的店长领班、领班班，针对铺同员工的基础员工班和海底捞的订制分享班。

⑤海海科技——前身是海底捞信息部。成立于2015年1月1日，旗下产品海海游戏平台是全球最大的O2O游戏流量平台。通过现场游戏微竞技

吸引庞大的地面用户进入游戏平台，让玩家消除傻等，增加乐趣，带来福利；为O2O服务商提供精准的用户流量支撑；为传统商家带来互动娱乐新模式。

第二篇　构建开放式战略　重塑价值创新力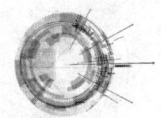

八、突破产品经营边界，进入新的经营境界

1. 从资本角度构建企业价值

在传统产品经营层面，企业经营的核心命题是产品的研供产销，产品的最终市场表现决定着企业的生死存亡。随着存量竞争时代的到来，大量埋头苦干、精于产品研供产销过程的企业，一夜之间发现自己已濒岌岌可危的境地。它们或者因为资金实力不足而不能在产品的研供产销各个环节上进行足够的资源投入以最终确立起竞争优势和可持续发展能力，或者直接面临着来自于那些资本强势企业的吞并威胁。

与那些产品经营型企业的濒危处境相反，一些擅长资本思维的企业，却在动荡的产业变迁和激烈的市场竞争中奇迹般壮大。它们或以大手笔的资本投入构筑起研发、供应、制造和营销等各个领域的压倒性优势，或以并购重组、产权联盟等方式将那些有着产品经营竞争优势的企业直接兼并。未来企业的经营，远不止是一个生产适销对路的产品并实现其销售那么简单，企业需要有一种资本思维来实现对产品经营的超越。企业领导者需要考虑比具体某个产品的供研产销更重要的经营命题，即企业本身的价值提升及企业在总体上的业务战略布局和高效资源配置。在思考让产品有

市场价值的同时,更让企业有资本价值。

然而,迄今为止,大多数企业和企业家,依然对资本思维没有足够的正确认识。在当前的企业界里,存在两种现象。一种现象是,有的企业全心全意埋头苦干于产品经营,把企业的资本运作一概斥之为不务正业或玩泡沫。结果是,企业在市场竞争中"只见树木不见森林",错失许多发展良机,甚至面临被淘汰或被兼并的境地。另一种现象是,有的企业专事资本运作,不做实体产品的研供产销,不重视在产品市场上确立起竞争优势。它们或者只重视融资圈钱,拉长资金链条,而没有能力提高投入到实体经济中去的资本的使用效率。结果是,企业资本的形成并没有带来相应的资本增值,反而是融资圈钱速度越快规模越大,企业造成的资本损失总量越大。而另外一些企业,则不重视企业的产品经营,专门以故事编造、概念炒作和投机博傻为能事,结果每每玩火自焚。这两种现象的企业都是在经营上误入了歧途。事实上,不进化到资本经营的产品经营是没有前途的,而脱离开产品经营的资本经营则是危险的。

2. 用资本缩短战略周期

数据显示,全球98%的世界500强企业都是通过中途接力、投资、入股、并购和重组等资本运作来实现企业的发展壮大的。当前中国企业,不论是互联网巨头还是A股上市公司,在收购公司的数量和金额上都比美国少很多。同为中美搜索引擎巨头,谷歌2014年共收购及投资了全球约100家企业,而百度2014上半年仅完成了3场并购及投资(全资收购糯米网,入股携程和猎豹移动)。在美国,不仅是谷歌、苹果这样的行业巨头,很多中型公司也都对收购初创公司习以为常。大中型公司都愿意或深或浅地使用初创公司的创新成果,并付出一定成本,比如对于一个新近成功的初创公司,美国科技公司会首先想到收购它进行战略合作,而国内科技公司

第二篇 构建开放式战略 重塑价值创新力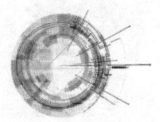

更倾向于直接复制它。

随着大数据、云计算、人工智能、VR等下一代技术趋势已经来临，相比BAT、京东、小米等科技巨头，传统远离IT的行业巨头想要跟上新的技术趋势，对其内部研发部门而言技术跨度更大，创新难度也更大，通过企业内部的研发团队很难很好地拥抱颠覆性创新机会，因此更需要开放式创新的思维。目前，越来越多的企业意识到与其费时费力地自我研发，不如快速高效地通过战略合作、投资和并购快速获取一些革命性的产品技术。这也是应对未来不确定性的主要手段，公司发展到一定规模后，往往都会选择不再大包大揽自己做，而是以收购、入股、合作等方式，与其他公司合作联盟，来应对未来的不确定性。

同为民族创新巨头，三星在硅谷专门设有开放式创新中心，下属的四个团队分别负责战略合作、并购、投资以及早期项目孵化，但是华为在美国拥有近1000名内部研发员工，却没有一个人负责开放式创新业务。根据国外经验，90%的创业项目退出和创新成果转化都要依靠大公司的并购来实现。如果更多的大企业有资本并购意识，将有更多的创新成果通过转化成大公司产品的方式而最终回馈社会（比如谷歌收购安卓团队后最终让全球几亿用户用上了物美价廉的安卓智能机），在自己的产品中使用初创公司的技术、专利、SDK、软件等，提升企业自身对社会优势资源的整合能力。

案例：思科，通过并购实现整合

思科的创新策略是内部开发、战略联盟和收购相结合。在创新型企业中，它是活跃的收购者和投资者。1993年以来，共收购了108家公司，30%的收入来自收购和开发活动。另外一个重要战略就是合作。它的收购和合作策略在高技术产业中比较独特，这一战略使它更快地获得了新技术

和新解决方案。

思科收购是为了获得稀缺的智力资产,基本上是人力资源。在思科,人们经常会遇见"二进宫"甚或"三进宫"的同事。为了确保收购的成功,思科确定每次收购必须达到三个目标:员工保持率、新产品开发的延续和投资回报。

对于潜在收购对象,思科有特定的筛选标准:近25%的收购初始投资都不大,并购必须为思科和被收购企业提供短期和长期的双赢局面;被收购企业必须与思科拥有共同的愿景和融合,而且其位置要与思科靠近。思科用情景规划方法来决定是否收购,以及怎样快速收购。思科几乎所有的生产都采用了外包的形式,并且通过内部风投扶持创业、并购的方法,基本上垄断了互联网路由器和其他重要设备的技术。

3. 最大化自由现金流

一个公司的价值,是其未来自由现金流的折现,而不是利润。这是和我们的商业常识相违背的,绝大部分公司都在强调利润,然而我们却发现,像京东、亚马逊过去多年一直在亏钱。一个在很多年份都在赔钱的公司,怎么成为中国和世界上最受投资者青睐的公司呢?因为对于投资者而言,从某种意义上说,公司的最终目的不是营利,而是更好利用资本,最大化自由现金流。利润只是自由现金流的一种形式而已。

让我们先来看下面的案例:

案例:亚马逊让人惊讶的资本效率

(资料来源:中国电子商务研究中心)

杰夫·贝佐斯(Jeff Bezos)在1995年创立亚马逊。20多年后的今天,亚马逊市值已经达到3000多亿美元,成为全球最大的网络零售商,全球第二大互联网公司，仅次于 Alphabet（谷歌）。在过去的 20 多年里，亚马逊的营业收入实现了近指数式的增长，但营利却一直接近于零，如图 2-1 所示。

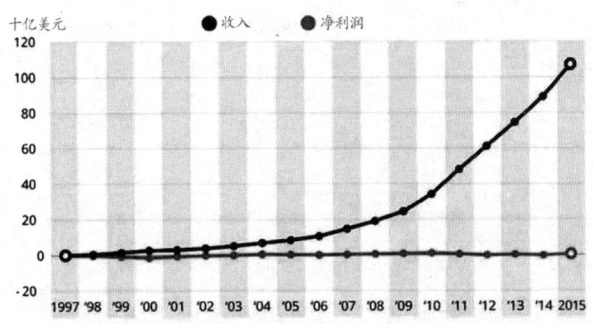

图 2-1 亚马逊公司 1997-2015 年收入和净利润

恰如贝佐斯在 2004 年致股东的信里写到的：

衡量亚马逊的最终财务指标，也是长期以来我们最想推动的，是每股自由现金流。但这其实是和我们的商业常识相违背的，绝大部分公司都在强调利润，几乎所有人从接触商业开始，就知道公司的目标是为了营利。问题到底出在哪里？

贝佐斯曾用如下的例子说明这个问题：

假设今天发明了一个交通工具，可以快速地运送乘客。这个交通工具很昂贵，其制造成本是 1.6 亿。假设这个交通工具可以使用 4 年，每年最多运输乘客 10 万人次。每一次乘坐票价 1000 元，同时需要 450 元的能源成本，和 50 元的人工和其他成本。设想这个生意是快速成长的，在第一年就能达到 10 万人次乘坐，完全使用了所有运输能力。在扣掉所有成本和折旧后，这项业务的净利润是 1000 万，10% 的净利率。这个公司的首要目标是净利润，所以基于上面的数据，创始人决定投入更多的资金来达到销售额和净利率的翻倍增长，所以在接下来的第 2 年到第 4 年分别增加了 1 个，2 个和 4 个这样的交通工具。

在开始的 4 年里，利润表摘要见表 2-1（单位：千元）：

表 2-1　　　　　　　　　　利润情况

	第 1 年	第 2 年	第 3 年	第 4 年
销售额	100000	200000	400000	800000
增长率（%）	N/A	100	100	100
毛利	55000	110000	220000	440000
毛利率（%）	55%	55	55	55
折旧	40000	80000	160000	320000
人工和其他成本	5000	10000	20000	40000
净利润	10000	20000	40000	80000
净利率（%）	10	10	10	10
增长率（%）	N/A	100	100	100

让人欣喜的结果：净利润年复合增长率 100%，4 年累计净利率达到 1.5 亿。如果只考虑上述的利润表，投资者一定非常开心。

然而，当我们看一下现金流量表的话，就会发现其中的问题。在未来的 4 年里，这项业务产生的累计自由现金流是 -5.3 亿。如表 2-2 所示。

表 2-2　　　　　　　现金流量情况（单位：千元）

	第 1 年	第 2 年	第 3 年	第 4 年
净利润	10000	20000	40000	80000
折旧	40000	80000	160000	320000
营动资本	—			
经营活动产生的现金流	50000	100000	200000	400000
资本支出	160000	160000	320000	640000
自由现金流	-110000	-60000	-120000	-240000

这个例子告诉我们，如果只关注营利情况，没有办法判断一家公司是否在为股东创造价值。

而从现金流的角度，你很容易就会发现，在上面的例子里，越是减少

第二篇　构建开放式战略　重塑价值创新力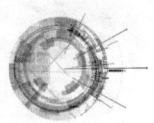

新交通工具的投入，现金流状况就越好。但是即便我们只投资了第1年一个交通工具，累计现金流量也是直到第4年才超过原始的交通工具投入1.6亿。当我们把这4年的现金流贴现（假设12%的贴现率），这些现金流的现值依然小于原始投入1.6亿。

很明显，不管增长率是多少，我们都不应该做这项业务，因为这项业务根本上就是有问题的。

设想这样一个问题，今天你有1000万资金要进行投资。

A公司未来10年每年的净利润是300万，每年初，A都要将上一年盈利的300万重新投入这一年的运营中，以确保公司正常的生意运转。

B公司未来10年每年的净利润是零，但是每年可以产生自由现金流300万。你会投资哪家公司？

毫无疑问，投资B公司是价值最大化的。用1000万的资金，换取未来10年使用3000万资金的权利。

我们引入一个简单的公式：$Y=f(x)$ 其中，Y表示公司的价值，x表示公司拥有者生产要素的投入，f是资本的效率。不同的公司，存在的最本质差别是资本的运用效率不同。资本效率的分子是自由现金流，分母是投入的资本。当投入的资本恒定，提高资本效率的唯一方式是最大化自由现金流。

以2004年为例，当年亚马逊的销售额大概为70亿美元，由于非常快的库存周转，当年库存产品所占用的资金只有4.8亿美元。

另一个数据会更让我们惊讶：2014年亚马逊的固定资产投资只有2.46亿美元，只占到当年销售额的4%。

用一种最为粗略的方法推断：假设亚马逊供应商的账期是3个月，亚马逊的利润率是零，上述数据意味着，亚马逊年初投资了"4.8+2.46=7.26"亿美元以保证其正常运转，由于账期的原因，亚马逊多出了

"70/4 =17.5"亿美元的自由现金流。

用年初的7.26亿资金,换来了17.5亿资金的自由使用权,高达2.5倍。多么惊人的资本效率。

当我们想清楚这些数字背后的真相,带着最大化自由现金流和资本效率的眼光来审视亚马逊的战略和创新,我们就会豁然开朗。

实践案例一:

吉林筑石地产以开放式战略从"地产开发商"到"智慧新城运营商"

吉林筑石地产作为吉林市本土最大的品牌地产开发商,在房地产飞速发展的时代,2006年到2015年,用了九年时间,开发了九座楼盘,公司从最初定位的"都市人居艺术"到"美好生活规划师"。因为定位精准,为江城人民提供了"精品房产、精致社区"独特的社区体验,每一个楼盘都销售火爆,成为当地人尤其年轻人安家置业的首选。

然而,随着国家调控政策的实施,市场骤然转冷,购房热情锐减,销售开始大幅下滑,此时此刻,筑石地产正倾尽全力投入巨资建设140万平米的大型松花江新城,地处城市"上风、上水"的南部新城,坐拥松花江上游,依靠小白山风景区,可一览无余地观赏松花江一线江景。项目一期工程刚刚进展一半,由于项目在松花江对岸,位置相对偏远,交通不够方便,面临较大销售压力。在此背景下,需要对企业未来发展战略进行顶层规划,以开放式思维聚集当地优势资源,对企业战略进行升级,将企业十多年沉淀下来的品牌、商誉、资金、人脉、业主等资源优势进行最大化价值挖掘。通过调研发现,筑石地产现有9个楼盘,自有物业,2万多住户,主要以年轻群体为主。同时,南部新城腹地——丰满区小白山乡是吉林市蔬菜副食生产基地,种植养殖业发达,有一批规模化的水果、蔬菜种植户及蛋禽养殖户,现代农业基础条件极其优越。

第二篇　构建开放式战略　重塑价值创新力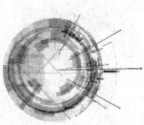

在作者带领咨询顾问团队的协助下，筑石地产实现了从"精品房产、精致社区"到"精彩生活"体验的升级，提出了"建设生态宜居和面向未来、以人为本的现代服务业产业新城"的愿景和创造滨水宜居、提升生活服务、传承城市文脉、重塑商贸流通、释放城市活力的使命。致力于与在吉林市建设宜居新城、城市门户、创新基地、文化舞台、养生天堂。解决吉林城市居民南迁、新农人进城安家创业和省会城市离退休人员养老等问题

①智慧社区·宜居健康之城：建设智能型物业、服务型配套、互联型社区健康服务、适老型住宅、养老型社区、健康养生的主题公园、大型健康养生中心、全民健身广场。

②电子商务·现代农业之城：通过社区支持农业、休闲农业、观光农业，社区住户直接与蔬菜基地对接，每周基地直供新鲜蔬菜水果，同时，住户也可以在线租赁土地、指定种植方式、在线打理土地、远程安排农民翻地、施肥、播种、浇水、除虫、除草、治病、采摘等工作，与他人经验交流和食品交换、在线配送下单、种植过程实时监控和溯源。

③互联网＋·创新创业之城：建立云社区、Wework 开放办公空间、创客空间、创业导师、名师讲堂、露台沙龙、项目孵化基金，成功举办吉林市首届电商创新创业周，吸引大量创业青年入驻。

④科技创意·文化旅游之城：建立地标性建筑 VTP 垂直娱乐塔，集高科技、创意、文化、时尚、休闲、运动于一体的覆盖家庭性具有可持续创新能力长生命周期复合型文化旅游地标。建立具有传统民族文化为核心的国际化商业街区，将满、汉族文化相互结合，形成文化主题商业街区和影视拍摄基地。

实践案例二：

唐山钢铁集团以开放式战略打造"物联宝备品备件采购共享平台"

钢铁行业处于产能严重过剩发展期，钢材价格一路走低，达到了近15年来的最低点，年行业利润率仅为0.9%，持续萎靡，大部分钢铁企业都处于亏损边缘，面临十分严峻的形式。在行业"寒冬"期，唐钢如何逆势突破发展？钢铁企业开始控制成本，减支增效，转向对备品备件资金占用成本的关注。

备品备件采购痛点分析：对供应商来说，与钢铁企业做生意，地位不平等，钢铁企业客大欺店，回款不及时，付款能拖就拖，交易模式传统，招投标流程繁琐，经常是陪标，销售人员费用占比高。对钢铁企业来说，为了保证生产设备高效运转，必须储备大量备品备件，库存积压占用资金；同时，单独一家采购规模小、成本高；采购流程复杂、价格虚高；如果设备有更新，采购备件就成了永久库存；供应商产品依次充好、服务不到位；应急配件临时采购时间不及时。

唐山钢铁从整个行业痛点出发，突破自身企业边界，从整个行业角度思考，建立服务于当地60多家钢铁企业的备品备件采购平台，用互联网平台重构钢铁企业备品备件采购生态系统，建立钢铁企业备品备件采购共享平台。

①联合采购机制——集中会员企业订单采购，更低价格、节省成本。

②共享调剂机制——解决库存压力，积压产品处理；备件联储机制——解决周期长、用量少、特殊备件的库存压力。

③货款保证机制——实现资金履约保证、先行支付；基于交易的无担保、无抵押信用融资。

④评价反馈机制——实现供应商筛选、资质评定、双方履约评价（供

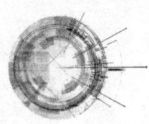

应商评级系统、采购商评级系统）实现了从生产制造商到行业服务商的华丽转身。

自我审视与评估

1. 你目前企业的产品和服务在满足客户的需求上处于什么层级？你是不是花了足够的时间去了解和洞察目标群体的需求、希望和梦想？你的产品、服务和业务体现了你对他们的理解吗？

2. 你企业与客户之间是否构建起了顺畅、高效的沟通机制？

3. 你在做决策时，是否受到企业边界、行业思维的限制？你企业的边界在哪里？

4. 你企业的赢利模式是单一的还是多元的？是显性的还是隐性的？是一次性利润还是持续性利润？你的企业是否面临着投入没有减少，甚至在增加，但利润或回报率却在降低？

5. 在当前信息技术条件下，企业还可以整合到哪些资源？

6. 设想一下，如果将你的企业多年积累的一些核心资源和专业能力，向合作伙伴甚至整个行业开放，会有什么样的效果？

7. 你考虑过用资本方式构建企业的核心竞争优势和缩短企业的战略周期吗？

第三篇
打造开放式组织
释放组织创造力

过去的公司就像一个交响乐队，高管就是这个乐队的指挥，他要指挥乐队如何奏出音乐。未来的公司则应该像爵士乐，爵士乐更加注重每一个乐手的个人演奏以及互相聆听，在动态过程中演奏出一场音乐。

——前任波士顿咨询集团CEO 亨德森

未来的组织要超越传统的公司运作方式，当信息文明全面取代工业文明的时候，公司，这个工业时代最重要的组织创新，也必须被超越。

——阿里巴巴副总裁 曾鸣

我们正进入一个全新的时代,在这个时代,人们之间区分的特质取决于他们的内心——这就是他们的右脑。现在已经不是逻辑思维、线性思维、规律思维在起作用了,情感、快乐和目的等内心特质具备更加超凡的价值。当人们在做着自己喜欢做的事情时,当人们全身心投入工作之中时,这些特质会把人们的知识和激情全部激发出来。

——畅销书《全新思维》《驱动力》作者丹尼尔·平克

互联网时代的来临,各种创新的商业模式和打法不断迸发,传统企业和行业面临着被颠覆。这是传统企业的集体焦虑症,要走出泥潭,转型、创新、升级成了唯一的出路,而创新的根基在于人才,解放人才、激发人才,组织的逻辑必须发生变化,在新商业时代,员工的创造力决定着企业的成败。管理大师加里·哈默尔认为,管理最重要的是要解决两个问题:第一,怎么去放大个人能力;第二,如何把不同个体的能力聚合起来。过去,放大个人能力,要求勤奋、智力、主动性,而今天决定企业是否有竞争力的关键是员工的创造性、是否有热情。为应对未来的竞争,企业必须消除森严的等级制度,建立开放式组织管理体系。突破固有的边界、管理方式以及体系,为市场与顾客服务,而不是为组织内部的制度和系统服务。用平台取代层级,协同提升分工。企业成长存在一个"组织天花板"现象,如果说市场规模是企业长大的极限,那么组织模式则是企业长高的天花板。突破组织的天花板,就能打开企业成长的战略空间。

美国管理学家创立的泰勒制和德国社会学家马克斯·韦伯主张的科层

第三篇　打造开放式组织　释放组织创造力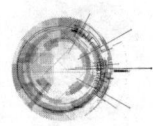

制等传统管理模式已不能再契合时代需求。传统的公司管理理念不再适用于80后、90后的年轻人，甚至适得其反。必须改变组织传统的运作方式与管理模式，更换组织基因，压缩企业层级、提高敏捷度和灵活性、促进与市场的互联互通，升级为以客户为中心的共创共享赋能平台，才能完成企业的重塑，这已经成为每一位CEO的必要课题。然而，真实的情况是，在大多数组织中，变革常常由于缺乏实践而流于空谈。

目前，大多数企业仍在沿用工业经济时代的管理模式，这些管理模式诞生于100多年之前，当时，失误所造成的成本损失很高，且只有企业最高领导者才能掌握全面的信息，管理者的首要目标就是降低成本，确保只有掌握大量信息的少数总裁级人物才能有权制定决策。在这种传统的"指挥-控制"式企业结构中，信息自下而上流动，而决策则由上而下传达。这种方法旨在放慢速度，也的确有效地放慢了速度。但当企业必须一直加速时，这种结构就会失灵，阻碍企业发展。

传统的层级组织架构，更多强调资产的"专有性"和"一体化"竞争优势，具有纪律性强、精准和高效的特点，符合大规模生产的要求。但在互联网时代，面对用户个性化、碎片化和快速变化的需求，用户信息层层上传，然后再层层下达，这样的决策和资源配置速度已经无法赶上用户需求变化的速度。更不用说由于层层传递的"信息损耗"所导致的决策失误和命令失真，以及层级之间博弈的问题。除了响应速度慢之外，"层级"组织中"一线"员工往往只是上级命令的工具和手段，员工的自主性受到极大的约束。结果，最能感知用户温度的人是最没有自主权的，反而"唯命是从""唯指标而动"成了员工行为的最佳选择。因而，打破层级结构对组织行为和员工行为的束缚，打破"组织僵化"，进行组织结构上的颠覆，是互联网时代组织变革的一大挑战。因为，外部环境的快速变化，已经不给企业"单打独斗"来完成一件事的时间。突破组织边界，团结一切

可以团结的力量，重视资产的"互补性"和"生态圈"竞争优势，已然成为互联网时代组织变革的新要求。

　　面向未来的组织变革，德鲁克在他最后一本书《21世纪管理的挑战》中提到，预测未来的最好方法是参与创造，要点燃团队的熊熊野心。改变公司原有的命令型管理模式，意味着更换组织基因以及管理模式的重大改变。这说起来容易，但做起来非常不易，甚至非常痛苦，但企业若要赢得未来竞争，又必须这样做，必须对组织结构进行根本性变革。在实际组织变革中，企业家改变自己的惯性思维比较难；即使意识到不得不变后，行为跟上思想转变亦是很难；即使企业领导的思想和行为一致了，如何动员公司高管、基层员工跟上步伐，也会是一个很大的问题，在这个转变的过程中，企业领导者需要不断地在煎熬中做取舍，而大量的机会可能已经失去，眼看着企业被一批批新生代企业给超过去。变革是有风险的，变不一定就有活路，但不变肯定是死路一条。

第三篇 打造开放式组织 释放组织创造力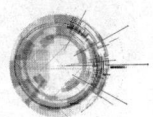

一、突破员工身份边界，驱动每名员工成为自己的 CEO

1. 重新定义网络时代的"工作"

互联网让个体能力发生变化。原来的个体能力是有局限的，如果个体不在一个组织里面就很难获取资源，但是现在互联网让个体具备了极强的主动权，他们离开组织也能做事。而且今天的个体非常活跃，他们渴望自由，不愿意被限制在一个结构里面，同时希望自身的价值能够真正被承认和衡量。当信息文明全面取代工业文明的时候，公司，这个工业时代的物种，必须被进化。未来的企业管理，是聚集一批聪明的创意人才，营造适合的氛围和支持环境，充分发挥他们的创造力，快速感知市场和客户的需求，充满激情和热情地为目标市场顾客创造独特的产品和服务体验。这意味着组织逻辑必须发生变化，传统的公司理念不适用于这群人，甚至适得其反，必须和陈旧抉择。未来组织最重要的功能是激发和赋能，而不再是管理和激励。"胡萝卜"加"大棒"政策不再适用。

强调工作的目的和意义，激发员工的热情，唤起他们的信仰，让他们充分施展才华。传统的组织结构并不擅长及时发现最重要的风险和机遇，

更是很难敏锐制定创新性的战略并且快速实施,因此许多规模庞大的企业会在短短数年间被无名小辈反超;等级森严的管理模式无法全面了解公司的情况,或者听到员工的心声,命令加控制管理模式下的企业管理者一般不会反对上级的决定,因为这样会影响他们未来的晋升,当消息传到公司最上层的时候,坏消息则全部被过滤了。传统的管理模式正在束缚公司的发展,必须重新思考互联网时代的人力资源管理,必须提高公司的灵活性,培养员工的创新思维和独立性、培养视野宽广且具有创新思维的人才,并为他们提供一个可以施展才华的舞台,给他们以足够尊重和支持,让他们尽情发挥。如万科文化提倡平等、契约、分享、包容,其核心是"尊重人",尊重每一位员工的个性,尊重员工的个人意愿,也尊重员工的选择权利。员工的积极性被激发出来,因自身贡献而带来的自豪感是重要的收获。也正如麦肯锡创始人马文·鲍尔曾说的"我们没有员工,我们只有一起共事的同仁",为员工所创造的与众不同而自豪。正如德鲁克所说:"在信息化时代,企业就应该让每个人都是自己的 CEO,公司真正成为发展人才的平台。"

2. 找到个人和企业的利益共同点

在新商业时代,企业领导者需要做的是赢取人们的心灵,搭建个人才能发挥的平台,让每个人都有机会。80 后、90 后一代,都非常有个性,他们期望不断学习和培训;他们希望得到尊重和权威、希望获得存在感与意义感,尊重职员的个人愿望,找到个人和企业的利益共同点,并通过这个共同点帮助职员实现个人理想,职员才能发挥自己的智慧和才干。每个人都不愿意成为普通成员,愿意成为重要成员,要给你的成员平台和机会,给每个人发挥的机会。让优秀的人有机会表现自己,每个人在骨子里面都想成为王者,只要你给他机会。要把每个人最大的力量释放出来,然

第三篇 打造开放式组织 释放组织创造力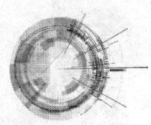

后组织把这种力量集合起来。让下属自主去做出决定并充分发挥他们的潜力，学会激发员工的灵感，激励他们开动脑筋为公司出谋划策。不少企业领导者整天和职员谈自己的企业理想、企业理念，但他们忘了那是他们自己的心愿、自己的梦想，与职员的个人志向和梦想没有任何关系。

要寻找到员工个人和企业的利益共同点，对公司追求的目标和理念，先达到共识和共鸣，让每一个人清楚工作的目的和意义，让员工相信并理解自己的工作是如何帮助他人并让他人生活得更美好。然后满怀激情地开始做事情，员工们每天都激情澎湃地践行着这些目标和核心理念，并迫切地愿意与客户和供应商谈论和分享这些核心价值。目标能鼓舞人，也能让人释放创造力，当人们对公司的目标产生共鸣、非常有热情时，他们将给公司带来更多贡献和更高层次的创造力。员工和公司是共同进步的，通过激情和与公司的交互影响来实现这一点。让每一个人开动脑筋想点子，激活每个聪明大脑的集体潜力。

优秀的企业都会在企业内部设立众多的发展平台，打破层级结构。海尔的"人人是创客"以及"人单合一"的组织管理模式、华为的"轮值CEO"组织模式都是设立平台型组织的有效尝试且取得了明显的成效。企业必须找到跟自己志同道合的人，而不是需要等着听命令才去做事的人。尊重以及尊严，激情以及欢笑，共情、共享以及责任、真诚体贴地对待自己的员工、自己的合作伙伴，给他们所需的支持，打造一支"有求变和应变基因"的团队。

3. 从"执行力文化"向"创业文化"转变

过去，企业一直崇尚的是执行力文化，在网络经济时代，需要逐步进化成"创业文化"，从制造产品的生成器变成孵化创客的孵化器。正如德鲁克所说：每个人成为自己的CEO，不是企业领导为员工下目标，而是他

们自己给自己下目标,通过自组织、自驱动调动员工全情投入工作。将公司重组为由创业团队组成的网络,向创业平台转型,让员工成为自主管理的创业者,让企业成为人人平台组织,每个人都是一个平台,每个都是专业的人士,可以自由地聚合。

公司大到一定程度后,如果员工有好的想法,会发现在公司里推动它的阻力很大。于是,很多员工一旦有了好的想法,就倾向于出去创业。对于这种人才的流失和再利用,思科的办法值得很多公司借鉴:如果公司有人愿意创业,公司又觉得他们做的东西是好东西,就投资支持他们创业。这些员工一旦创业成功,思科有权优先收购,如果小公司没办好关门了,思科除了赔上一些风险投资也没有额外的负担。

如,知名淘品牌韩都衣舍就是分布式战略组织,这是一个由270个"三人团"组成的平台,每个"三人团"都是一个独立的经营者。270个"三人团",就是270个创新单元,270个决策单元,也是270个经营单元。小组成员按照销量与毛利提成,直接为该小组的销售结果负责。任何一个经营成功,资源就可以向它优化组合倾斜。使得韩都衣舍能够在短时间内通过平台上的小组抓住潮流,了解市场脉动,在互联网女装行业占得先机。

韩都衣舍的小团队作战证明,个人和团队不再是组织的附庸,自由人自由联合、自由人自由折腾,这样的组合正成为新主流。个体与团队的创造力不再受制于组织的束缚,时代的宽阔场景为每一份创造力都留下了足够宽的圆梦空间。

无独有偶,芬妮克斯把权力交给全员,由一群员工来做创业团队的CEO一群员工来做PE和VC,来投资和支持。包括阿里巴巴25个事业部的分拆、腾讯6大事业群的调整,都旨在发挥内部组织的平台化作用。海尔将8万多人分为2000个自主经营体,让员工成为真正的"创业者",让

第三篇 打造开放式组织 释放组织创造力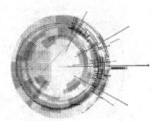

每个人成为自己的 CEO。

为了让每位员工能够毫无后顾之忧地全身心投入工作。公司给予员工最亲密的家人、朋友等后援群体提供无微不至的关怀和体验。如脸谱网为所有刚生育孩子的员工及收养孩子的同性伴侣提供 4 个月的带薪假期、并提供 4000 美元的"婴儿礼金"。在谷歌，员工若是不幸去世，其配偶可以获得去世员工所拥有的股权，并在未来 10 年内享受其 50% 的薪酬，当其子女未满 19 岁时，还可获得 1.2 万美元的生活补贴。一向对旗下老员工爱护有加的国内电商巨头京东集团首席执行官刘强东日前再度放出豪语：凡是在公司工作满五年以上的老员工，如果得病保险报销之外不够的钱，不管花多少由公司承担，一日京东人，一世京东情！

4. 从雇佣关系到伙伴关系，发展事业合伙人

从雇佣关系转变为合伙关系，由雇佣体转变为利益共同体、事业共同体、命运共同体，共同做大公司、分享公司成为公司人力资源管理的新趋势。在工业经济时代雇佣制管理机制下，员工总会有一种给人打工的潜意识，员工的工作状态更多地呈现为"听指令"，做的是"被安排的"事情，不去主动思考与担当，任何的决策都要等待和请示，怕承担责任。雇佣制固化了公司的管理机制，束缚了人才的发展。寄希望于员工个人职业道德、综合素质抑或"高薪+文化"的方法，并不能系统地解决这个问题。唯有升级公司的管理模式，替换雇佣制下的劳资关系，将雇佣制转变为契约制，发展事业合伙人，让人才从打工变成合伙，共享利益、共担风险，让有梦想的人有发挥的平台、激发员工的创造性和积极性，彻底激发公司的人才价值。

公司变成事业平台，给人才提供更好的机会与资源，身份转换、完全放权、独立运营、内部市场化、利益共享、风险共担，让人才变身为合伙

人,让人才借助公司的平台创业,实现人才的人生价值与梦想。正如星巴克咖啡在公司内部所倡导的那样:我们称呼彼此成为伙伴关系,因为这不仅仅是一份工作,而是我们的激情所在。我们拥抱多元化,一起创造一个可以自由工作、发挥特长的场所,我们永远相互尊重,维护对方的尊严。我们始终以此作为彼此相待的标准。与此同时,星巴克推行为所有伙伴提供全面医疗保险以及伙伴股票期权。

事业合伙可以分为两类:一类是公司拿出一项业务、产品、项目、区域(单店)等可独立核算的经营体与参与该经营体运营的员工共同投资、共享利润、共担投资风险,如万科的项目跟投、很多连锁企业的单店员工入股;另一类是公司不区分业务/项目/区域,其虚拟股份对应整体经营盈利情况,全体合伙人出资认购公司整体的虚拟股份,并根据公司整体盈利状况进行分红、承担风险,如华为的内部员工持股计划。

案例:万科的合伙制——利益与风险捆绑、自我革除赖以崛起的职业经理人制度

随着行业环境的恶化、公司规模的快速扩大,专业主义的职业经理人制度的弊端不断出现,雇佣制下的员工存有的是打工心态,做好自己的事情而非关注整体的事情:关键绩效指标导向使得职业经理人习惯"赚快钱"、过度的专业主义而忽略问题本身、职业经理"天花板"问题、战略转型相关的业务部门在原有制度下奖金最少,甚至出现了面对面坐着却要通过工作邮件的形式进行沟通,等等。这种现象的本质在于雇佣制下的员工养成痕迹化的习惯,痕迹用以证明"我"的工作已完成,剩下的是"你"的事情。利益共同体、事业共同体乃至命运共同体的期许在雇佣制下一定无法实现。在此背景下,万科通过合伙人制度来重新界定公司与员工的关系,防止优秀人才的过度流失,应对已经到来的新形势。用万科总

第三篇　打造开放式组织　释放组织创造力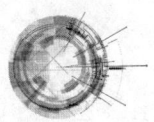

裁郁亮的话说："事业合伙人有四个特点：我们要掌握自己的命运；我们要形成背靠背的信任；我们要做大我们的事业；我们来分享我们的成就。"

万科的合伙人制改革是将雇佣制下的职业经理人机制进行革新，祛除雇佣制的弊端，在共创共享的基础上增加风险共担，"共创、共享、共担"成为万科合伙人制的核心。

万科合伙人制的主要内容包含持股计划与项目跟投，未来还将打造生态链合伙人，具体见表3-1：

表3-1　　　　　　　　　　万科合伙人制

类别	适用人员	主要内容
项目跟投	一线公司管理层及项目管理人员	除旧改及部分特殊项目外的所有新项目，所在一线公司管理层和该项目管理人员必须跟随公司一起投资，公司董事、监事、高级管理人员以外的其他员工可自愿参与投资。员工初始跟投份额不超过项目资金峰值的5%
持股计划	一定级别管理人员以年终奖购买公司股票	公司董事、监事及高管，总部及地方公司一定级别以上的管理者参与持股计划；高管购买有下限、雇员购买有上限；深圳盈安财务顾问企业通过证券公司的集合资产管理计划，在A股市场共计购入0.33%的总股本
生态链合伙人制	产业链上下游	施工单位等产业链上下游企业对参与的项目进行一定比例的跟投

随着事业合伙人制度的推行，万科的团队被激活、协调更顺畅、营销更生猛，这就是事业合伙人与职业经理人的区别。未来万科合伙人制还将逐渐沿着产业链向上下游合作伙伴延伸，让万科产业链上下游的参与者能够参与到利益分配和风险共担上来，从承包工程到建设自己投资的工程，

质量、效率必然大幅提升,而参与者同时亦能享受更多的增量收益。

案例:阿里巴巴的合伙人制

创立背景:为了解决两大核心问题——如何掌控对公司未来的控制权,及如何在创始人不在的情况下,建立一种可以永续发展的创新文化。

从2010年开始,阿里巴巴在管理团队内部试运行"合伙人"制度。阿里的合伙人不同于股东、不同于董事,合伙人必须持有公司一定的股份,但是在60岁时退休或在离开阿里巴巴时同时退出合伙人(永久合伙人除外),不再保有股份。阿里合伙人并非公司的经营管理机构,合伙人会议的主要权力是董事会成员候选人的提名权;合伙人拥有人事控制权,而非公司运营的直接管理权。

团队组成:由30名具有不同的业务能力和背景的高层管理人员组成(共持有阿里14%的股权)。在合伙人团队中,有负责交易系统的、有来自技术部门,也有具有金融背景,负责金融业务的。从任职过的部门、负责过的业务来看,也横跨了财务、人力、技术、战略、法务等。

团队分工:合伙人团队"三代人"负责不同的管理内容:最年轻的做执行;中间一代管战略;老的什么都不管了,只看人。

任职资格:①在阿里工作5年以上;②具备优秀的领导能力;③高度认同公司文化;④对公司发展有突出贡献;⑤愿意为公司文化和使命传承竭尽全力。

合伙人权利:拥有董事提名权,不拥有公司运营的直接管理权。有权提名超过一半董事会董事,若所提名人选不获委任,则合伙人有权再次提名新的董事,直到被股东大会批准。

合伙人主要职责:体现和推广阿里巴巴的使命、愿景和价值观。

第三篇 打造开放式组织 释放组织创造力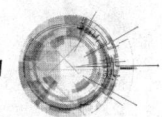

二、突破组织管理边界，建立公开透明平台赋能体系

1. 工作场所民主化

变化是我们今天所处这个世界永恒的主题。对组织而言，无论周遭环境如何变化，下力气打造自身的适应性和韧性，才能够做到以不变应万变。而要打造这两项能力，最关键的是要做到两点：建立开放式组织，让信息在组织内部充分流动，锻炼每个组织成员的全局性和系统性思考能力；对组织成员赋能和放权，锻炼每个成员的信息处理能力和决策能力。

在传统企业里，管理模式一般是金字塔结构，最顶端是董事长，最底层是基层员工，中间是不同层次的管理者，这种结构反应缓慢，僵化死板。大部分员工基本都是照老板的意思办事——或者说是下属按照自己理解的领导的意思办事；大部分公司的管理模式多少年来没有什么根本性的变化，无所不能的董事长代表公司的最高等级发布命令，下面的人就只管执行。虽然有些企业也一直在改变组织管理模式，好多也颇具创新性，各种反映变化的术语，各种各样花样翻新的变化，但是，它们最终的解决办法都大同小异，就是要建立一个分权制、多部门、自负盈亏的机构。事实

上,每一个部门仍在重复命令加控制的管理模式,部门经理就成了这个部门的首席执行官。管理模式的本质没什么变化,公司最有权势,并负责向董事会汇报的首席执行官们仍然主宰着公司的日程,他们身居公司管理层高位,掌控着那些执行计划日程的下属。

互联网时代,信息的零距离、用户个性化、市场碎片化,整齐划一的组织一定会被颠覆。创建开放的、无等级的工作氛围,创造出让员工自由发挥的工作环境,鼓励各层级间轻松地实现沟通,为每个成员建立发言的渠道,确保每个职位和每位员工都能受到尊重。大家彼此之间不分级别、不分时间地进行交流,让不同的人发出声音来,每个人可以做价值贡献,为自觉向上的人才提供广阔的自由空间,平等地给出话语权,驱动组织从"他组织"到"自组织"转变,挑战更多的可能性,这样团队才会进步。

员工应被视为一项资产而非成本。管理者要有尊严地对待所有员工,重视个体的声音,形成一种触手可及的活力、一种合作无间的默契、一种毫无羁绊的创意、一种皆有可能的信念。企业的工作环境是轻松随意的,管理应该越简单越好。让公司变成是大家的事情,不能让领导和员工博弈,要让员工和自己博弈,和市场博弈,发挥集体创造力。尊重员工、塑造员工的自信心和自尊心,让每一个人都了解自己在公司中的作用。与员工之间建立起互信和互动,并共同为目标努力。让员工意识到公司目前的成绩和未来的成功与自己休戚相关,使他们因为自己的付出而感受愉悦。

如,万科文化提倡平等、契约、分享、包容,其核心是"尊重人",尊重每一位员工的个性,尊重员工的个人意愿,为他们提供所需的工具和自由,使他们能以进取和自尊的态度完成自己的工作。当前,企业中普遍80后、90后逐渐进入管理岗位,这些人更加崇尚分享、沟通和互动。他们并不拘泥于特定的任务,也不受公司条条框框的约束,也不愿被职位头衔或企业的组织结构羁绊住手脚。

第三篇 打造开放式组织 释放组织创造力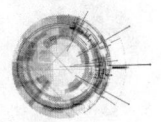

2. 接受组织的失控与无序状态

组织，本质上是一个"系统"。当原本分散的、彼此无关的、相对独立的个人，形成了一个具有整体结构与功能的"系统"时，"组织"就形成了。组织管理的目的，就是为了降低系统中的不确定性，确保"系统"能够按照企业战略运转。但创新本身就是一种不确定性，追求组织稳定性与追求创新之间，一定有着某种天然的排斥力。管理标准化窒息了个人主动性并扼杀创造力。

在这个新的、易变的互联时代，传统企业和组织究竟该如何应对，组织的局限性在于面对不稳定和变化时候的被动性。互联网改变了企业的竞争状态。原来组织在面对竞争时，可能处于相对稳定的状态，但是现在这个稳定的状态被打破，企业会一直处于动态竞争之中。

这些变化与组织之间存在着天然的矛盾——组织代表稳定，互联网带来变化，这二者的冲突正是互联网经济挑战传统组织的本质。在向平台型企业过渡中，失控将成为组织新常态，适应失控与混序，鼓励内部市场化、允许内部竞争，不怕乱，乱才有未来，官僚式的、固化的组织流程已经不适应这个时代与转型需要。正如凯文·凯利在《失控》一书中说的："传统组织结构将置企业于死地，未来的企业组织会更类似于一种混沌的生态系统。"所以说，未来的组织创新的核心是要打造热带雨林，改变过去科层制那种将企业修剪为花园的模式，保持物种的多样性，物种在生态中自由寻找能量交换，不断给热带雨林引入新的物种，来繁衍整个生态。

如，在海尔的变革中，从领导分配任务到员工自己找"用户"，从公司发放薪酬到自己找"订单"从而得到酬劳，从被雇佣关系到合伙创业关系，在这一转变过程中，海尔作为一个几万人的组织明确、流程严谨的制造业企业，逐步进入了混序甚至无序状态，内部市场化、自由竞争，员工

从同事变为了同行、从协作变成了竞合。每个人自己找自己的位置与价值,前端向市场去找、后端向前端去找,组织进入"失控"状态。

3. 从管理员工缺点到激发员工优点

过去组织管理的目标,是试图弥补每一个员工的缺点,补齐短板,让每一个员工在思维模式和工作方式上都趋同,避免犯错误;在网络经济时代,重要的是激发每一个员工的特长,回避员工的缺点,让每一个员工能最大化发挥出自身的优势和特长,将长板加长,形成互补团队,让工作有意义,让员工获得成就感。企业管理者如果看到员工在工作上表现出众,就应直接给予肯定。研究结果显示,领导人给予正面肯定的次数,应该比负面意见多三倍。在网络经济时代,组织的职能不再是分派任务和监工,而更多的是让员工的专长、兴趣和客户的问题有更好的匹配,这要求有更多的员工自主性、更高的流动性和更灵活的组织。

然而,现实情况却是,公司领导层往往会在不自知的情况下,以不同的方式遏制员工的才华,把员工都管理成了同一类人。公司领导层需要通过领导力来激励员工,不是通过权力和控制来管理员工,激发出员工的优点,员工会变得乐于创新、主动性更强,并且敢于发表不同意见,工作效率和创造力都将得到提高,员工会更愿意创新,公司氛围会更和谐,员工对工作也更有热情和信心。企业不再是一个人的重担,而是"众人拾材火焰高";公司也会更容易应对变化。领导不再是去解答员工的问题,而是领导和员工共同决定,寻找问题的答案。正如苹果公司前人力资源主管黛比·碧昂多利洛所说的:你的头衔可以让你成为管理者,但让你成为领导者的,是你的员工。

4. 从管控组织变成平台赋能组织

随着网络经济时代的到来,公司的本质发生了根本的变化,公司不再

第三篇 打造开放式组织 释放组织创造力

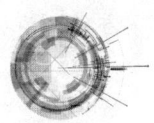

是一个控制系统,公司越来越是一波有创造力的人的组合,是一个赋能系统,在公司的赋能平台上,人人都是创业者。在工业经济时代,企业主要通过强化管理来提升效率;在互联网时代,企业需要通过激发员工的创造性来提升效能。现如今,每个企业都在口口声声谈创新,但创新是很难规划的,领导的责任在于服务员工、培养员工,让员工成长为具有领导力的企业主人,设置主要的目标,然后为具体执行该目标的每一个人提供充足的信息和资源支持,让企业成为员工的平台,打造内部"平台型组织"。只有提供员工独立时无法得到的资源和环境,有更多自发碰撞的机会,才能创造最大的价值。

从某种意义上说,管理企业可以分为三重境界:员工为老板干,员工为自己干,员工和老板共同为一个事业干。格力的董明珠说:"我就是为那些想做事业的有理想、有追求的人,创造一个好的平台和环境,用优秀的平台来吸引人。"所以,格力成为了一个卓越的公司。把各个事业部门之间的知识共享,打造一种无边界无障碍的自由的知识共享体系。努力使组织成为一个共享平台,帮助所有员工实现自我发展。或者可以从某种程度上说,是员工使用了组织的公共服务,而不是公司雇佣了员工。

在传统管理模式下,激励偏向的是事成之后的利益分享;而赋能强调的是激发创意人的兴趣和动力,敢于挑战。唯有发自内心的兴趣,才能激发持续的创造。赋能比激励更依赖文化,文化才能让志同道合的人走到一起。创意人才再也不能用传统的方法去考核、激励,公司的文化氛围本身就是激励。他们本质上都是自驱动、自组织的,对文化的认同非常较真。为了享受适合自己的文化,创意人才愿意付出、拥护、共创。一个让他们的价值观、使命感吻合的文化才能让他们慕名而来。组织的核心职能将演变成文化与价值观的营造。另一方面,激励聚焦在个人,而赋能特别强调组织本身的设计、人和人的互动。如谷歌将餐厅等待的时间控制在4分钟

左右,正好让人可以简单寒暄和交流(大于4分钟就很可能拿出手机干自己的事了),可谓良苦用心。

案例:海尔——"大平台+小公司"的自主经营体模式

在自主经营体模式下,员工有权根据市场变化自主决策,依据为用户创造的价值决定自己的收入。员工从原来被动的执行者变成主动的创造者。在公司的大平台上自己寻找创业机会,同时配合内部的风投机制,或者员工到社会上组织力量成立小微公司。在这一组织框架下,原来的管理层也不再是管理者:要么成为平台主,对接小微公司;要么创立或者加入小微公司。

每一名员工,无时无刻都要致力于为客户创造真正价值,并将这一理念融入员工所做的每一件事情。让研发、生产、供应、职能服务等后台系统与用户需求有效衔接,从而使企业全员面对用户,黏住用户。公司领导从原来的决策、分配、监督为主转变为向一线员工提供支持和服务,将原来企业员工听领导的,转变为员工听用户的,企业和领导听员工的。员工内部协同即时,组织与外部用户的沟通即时。

管理者不是由上级来任命,而是采取"官兵互选"来筛选和优化,任何人都可以拿出实施方案,公开竞聘经营体长,进而组建团队。根据市场机会确定经营体准入标准,由有意愿的员工"抢单"进入。经营体长的聘任,完全颠覆了传统由领导指派的方式,由员工拿出实施方案与可实施的凭证,包括三预(预算、预案、预酬)方案公开竞聘,由横向部门、利益相关者、员工、客户共同组成评委综合评估确定。

经营体长拥有用人权和分配权,还拥有企业的大资源平台。经营体长无固定任期,随时接受经营成果检验和"官兵互选",2/3以上的成员就可以联名淘汰经营体长,重新竞聘。经营体的成员由人力部门与经营体长共

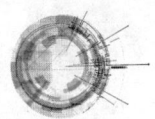

第三篇　打造开放式组织　释放组织创造力

同设定岗位标准和定编，通过公开竞聘"抢人"。竞聘过程既明确了最终要完成的目标，又明确了完成目标所需要的手段、方法、路径和资源等，还明确了完成该目标之后所对应的薪酬水平。经营预案都是员工根据自己能力确定的，是员工与自己能力的博弈，而不是员工与企业的博弈。对于未能竞聘成功的员工，海尔给予多次机会竞聘。如果三个月后还没有"抢入"新的经营体，则被淘汰。以员工的能力为中心，是员工与自身能力的博弈，实现了用户、企业和员工的共赢。

自主经营体的实质是将市场和竞争的概念引入到了内部管理。海尔将经营体分为三类。活跃在市场前线的2000多个直接按"单"定制、生产、营销的一级经营体。中间是平台经营体，为一级经营体提供资源和专业服务。断后的是战略经营体，即原来的高层管理者，主要负责创造机会和创新机制。海尔要求各级各类经营体必须面对同一目标，实现纵横连线。其中，"倒逼机制"是三级经营体之间能够有效连线的关键。自主经营体已经不存在传统的向领导汇报的概念。对于一级经营体，通过一个公开的信息平台提出自己的需求，二、三级经营体均会根据平台机制给予解决，如果解决不了，则是平台和机制出了问题，需要二级、甚至是三级来关闭差距。"关差"的过程就是二级，甚至是三级经营体的"单"。通过这样的"倒逼"和纵横连线，将海尔传统的金字塔式组织结构转变为以自主经营体为基本单元的倒三角网络型组织，使企业的所有环节和员工都面向用户，为创造和满足用户需求而创造性地工作。

5. 创建内部孵化机制

内部孵化机制需要建立在企业自身业务和内部职能分工的基础上，它既能满足优秀员工的创业欲望，减少员工流失率，留住优秀人才，同时也有利于企业多元化经营，激发企业内部活力，改善内部分配机制，达到员

工和企业双赢的预期。

综合考虑国内外内部孵化经验，需要把握以下几个原则：

首先，企业内部孵化机制能与企业经营策略结合，为企业的战略布局服务，企业根据自身战略需求对内部创业的发展方向进行把控，不得与母企业的直营业务发生冲突，防止同质化竞争。可以通过股权控制协议明确创业企业的经营范围，将内部创业者的利益与母企利益捆绑，同时设计合理的员工持股计划可以使得内部创业者在创业时主动考虑母企的利益，避免了可能的利益冲突。

其次，建立科学的创业筛选机制，这个机制包括人的筛选和项目的筛选，对项目的筛选毋庸置疑，对于人的筛选则要为员工准备较长期的培训计划。比如松下为立志创业的员工准备了为期半年的培训计划，从报名申请到实际创业有至少半年的时间，首先会有首轮的书面审查和面试候选，通过后企业会对其进行连续三个星期包含经营学、会计学、企业案例等内容的培训课程，随后进行为时一个月的创业计划修炼作业，整个过程都有资深专家全面协助，最后还要请多名来自公司外的风险企业经营人士以风险经营者的眼光严格审视候选人。

企业内部孵化模式一：宏碁先庇护后放手模式

进入公司5年的员工，宏碁通过内部孵化机制给予他们创业机会，鼓励员工参加内部竞标活动，中标者即该项目经理，负责项目的全过程实施。项目开始以部门形式存在，在母公司的庇护下集中资源开展业务，待新创事业在部门制下度过生存期后，引入外部资金组成新公司，母公司对新公司资本控制的比例为50%~80%，新公司除了要达到母公司交付的目标任务外，也必须接受其他大股东的监督。待内部创业企业成长到一定阶段后，宏碁减少持股比例，比如宏碁在2002年主动将明基股份减少到三

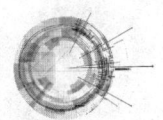

第三篇 打造开放式组织 释放组织创造力

成。纵观整个过程,宏碁将自有资源与内部优秀人才有效结合,让优秀员工充分释放自己的创业激情,创业过程中公司为其保驾护航,之后慢慢放开让其独立经营。

企业内部孵化模式二:华为转为代理商和外包服务商模式

2000 年 8 月 15 日,华为正式出台《关于鼓励员工内部创业的管理办法》。根据规定,凡是在公司工作满两年以上的员工,都可以申请离职创业,成为"大华为"的内部创业者。各创业实体经注册后即成为独立法人,同时脱离与华为公司的关系,且创业者所持华为股份由公司回购;公司为创业员工提供了优惠的扶持政策,除了赠予相当于员工所持股票价值 70% 的华为设备或所持股份价值 50% 的现金之外,还有半年的保护扶持期,员工在半年之内创业失败,可以回公司重新安排工作。

企业内部孵化模式三:富士通计划书模式

富士通成立专门基金,在富士通工作 3 年以上的员工,公司都鼓励他们申请创业基金。他们采取的是递交创业计划书的形式,公司每半年组织一次"大赛","大赛"主要考核两项:一是员工个人是否具有创业素质;二是创业领域、计划书的可行性以及是否风险较小,收益稳定。公司为此成立了专门的创业评定机构,那些被选上的员工,公司会给其投入创业基金。这笔钱被当成是以公司的资金入股,与员工的智力和技术共同新创公司,富士通在新公司所持的股份通常不会超过 50%。随即,公司与创业的员工解除劳动关系,但可以提供资源、业务、技术等方面的支持。

企业内部孵化模式四:谷歌模式

在谷歌内部,有一个随时变动的 Top100 项目列表,Top100 是个随时

变动的项目列表，列表来自"想法邮递列表"，它像是一个面向所有员工的留言板，员工有了一个创意，可以写在上面，其他的员工则可以对该项目发表自己的建议并投票，很多好的项目会因为高的投票率而自然地凸显出来。员工有20%的自由工作时间可参与Top100中的任何项目，当然，谷歌会通过技术的手段对员工的内部创业进行支持，如千万美元级别的"创始人奖"。谷歌这种鼓励创新的内部自由生态，把整个公司变成了一个小型的硅谷。

20%模式最大的特点是自由和开放的空间，公司预留出余地，不去对员工的任何创新进行限制，那些绝妙的创新很自然地进化到创业的实操阶段。但20%模式的真正意义在于，它创造了一种组织的理念，为公司的创业文化赋予了灵魂。

需要特别指出的是，不同企业面临的成长环境各不相同，不可生搬硬套借用他人成功经验，要充分考虑创业方向在企业战略布局的地位、行业特性、企业文化、领导风格等因素，确定配套的制度权限设计、股权分红机制等，促进母企扶植子企、子企反哺母企的良性循环机制的形成。

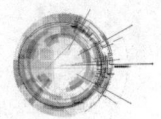

九、突破部门岗位边界，建立内部市场化及共创体系

1. 从"部门岗位"到"团队角色"

过去，以部门来划分岗位工作，在网络经济时代，将变成由角色来承担团队工作分工。在新商业时代，一项工作被看作一个"角色"，同一个人可以选择承担不同角色，和其他人配合完成工作，按照角色分配权力。是一种"无领导管理方式"，它将公司组织架构去中心化，将由部门定义工作角色转变为围绕工作来定义，并且经常更新。员工自由组合成一个一个项目小组。在项目小组当中，每位员工选择自己的职责和目标，并赋予每一位员工充分的施行创意灵感的权利和足够的保护。员工们会担当多个角色，权力真正地分散在管理流程中，决策都是由团队和每个角色做出。组织架构通过小的迭代规律性地进行更新，每个团队进行自我管理。不再把岗位和经验作为选择管理者的标尺，而要看他的表现和热情。每位员工被同一个规定限制，包括CEO，规定对每人都是公开透明和清晰可见的。

在新型组织体系中，项目小组成为最小服务单元，其成员的技能各不

相同,完全依据目标组建,配置不同经验的人员,形成优势互补。这种团队组合把各种优势充分集成在一起,让服务于创新能力发挥到极致。需要特别说明的是,以项目小组进行组织划分,团队人数不宜过多,正如谷歌规定的,团队人数不能多到两个披萨还吃不饱。小团队会比大团队更有效率,小团队亲如家人,大家可能会针对某个问题引起口角,但往往能在紧要关头团结一致。苹果以创新闻名业内,这家时尚的科技组织,是全球同类规模公司中,拥有最多小组织的,但正是这些小的组织,搭建起了苹果持之以恒的创新力。

2. 用内部化市场规则重塑企业

用市场规则而非管理逻辑塑造企业,"乱象丛生"中会走出一批批真正适应市场、能抓住市场、有外部竞争力的团队和经营体,实现企业最终的转型和成功。用过去传统的管理逻辑、管理者的价值判断来管理企业,必然会遇到市场的阻碍,将员工放入市场,用市场规则去重塑企业,才能不被时代淘汰,实现企业价值创造能力的提升,才能驱动企业永远站在行业前沿和时代发展的风口。

目前,许多公司都被部门化和分割化的问题困扰着。以业务或产品线为基础的组织结构会造成"各成一家"的局势,从而遏制了人员和信息的自由流动。打破公司部门边界限制,改变各个部门之间的孤岛状态,以内部全功能的市场化规则与机制重新将大家连接在一起,各部门之间共同分享各自的创意和不断地寻求协同创新。各部门不应将想法禁锢在自己部门内部,要对来自外部的想法不再有敌意,成为"一个对信息有无止境需求的公司",信息对任何人都是随处可得,为参与其中的每一个人所共享。

如,海尔研发部门裂变出来的开放创新平台Hoop。以前,研发部门只负责帮助企业内部的产品出新,这样做好的结果很可能就是:内部的事业

第三篇　打造开放式组织　释放组织创造力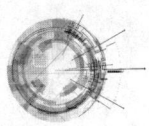

部门不一定觉得研发部门做到了最好的事情，他们也想到外面去找，但是又想来分摊研发部门的费用，所以大家都很不高兴。现在让研发部门发展成为全中国的企业都能够使用的一个技术平台，也就是说，各个企业把需求放出来，Hoop 帮着连接全球的好手，来解决这个问题，开放创新平台。以后企业内部的这些产品部门，也把他们的需求放上来，按照市场标准来计价收费。把链条打通，让这个部门变成全国范围内行业里最强的部门，服务于自己企业内部的同时，也服务于整个行业甚至竞争对手。

3. 跨部门调动资源的能力

数字时代全新的平台组织形态为个人想象力和集体创造力提供越来越多的机会。加深跨部门信任感和联结性，员工以自我管理的方式运行，可以在一定限度内跨部门地协调和动用资源。像华为这样的公司，内部职能分得比较细，跨部门协作会很频繁。比如"产品经理、客户经理、交付经理"这三个铁三角就经常会有业务上的协作。在这个过程中，"求助"是被提倡的，对刚进公司的新人来说，更要求"懂得求助"以及"会求助"——要及时反馈你的问题，需要什么资源，要大声说出来。只有让各部门协同作战，通力合作，加强沟通，相互协调，密切配合，才可能让各部门或单位之间的资源迸发出"1＋1＞2"的效应。

如阿里巴巴的"战略共创"流程则跨集团、业务单元，将组织内外涉及相关战略话题的不同员工随时随地黏合在一起，碰撞与制定新的业务方向和行动计划，员工并不拘泥于上级是否下达了跨部门合作的指令或是否超出职责范围。还有的组织则通过短期轮岗项目，对员工实行跨部门调动，以促进工作场景之下的了解与认同。沃尔玛则在每年的全球黑客日上在 2 周内让业务和技术人员自发组成临时项目小组，提炼现实中的业务挑战或机会，并设计数字技术方案加以解决或实现，获得大奖的方案将最终

进入实际项目开发流程。

强化员工跨部门调动资源能力的主要方式:

方式一:人员嵌入,部门之间的人员交换,如每个周期通常为6个月,以此来加强部门联系,以及帮助部门如何站在其他部门的立场来思考问题。

方式二:关键联络官,部门之间互相派出的常设联络人,其人选要求必须是原部门的杰出精英。这些关键联络官都得到充分授权,在关键时候可以代表派出部门做决策。通过上述办法,各部门之间实现了"你中有我,我中有你"。

方式三:权力下放,在团队成员充分接触到所有信息的前提下对一线部门充分授权。一线部门需要在得到一定授权并充分掌握信息的基础上,及时有效决策、传统组织模式下都是下属负责提供信息供领导决策。

4. 打造公司的特种部队

随着市场规模与组织体系的壮大,企业领导者会发现,大企业病是每一家企业在长大过程中都逃不过的魔咒,它如黑洞一样吞噬一切与效率、价值有关的正向传递。大公司体制内创新的困境已经成为常态。哈佛教授克里斯坦森曾在《创新者的窘境》一书中指出:许多企业曾经叱咤风云,但面对市场变化及新技术的挑战,最终惨遭淘汰,究其原因,竟然是因为他们精于管理,一些看似很完美的商业动作,最终却毁掉了一家优秀的企业,这就是所有企业如今都面临的创新者的窘境。臃肿的大公司想在这个快速变革的时代调头,意味着更高的风险和时间成本。增长与创新论坛研究员维塞尔描述了这样一幅景象"经验老到的经理人总能让自己的员工乖乖地离开创新探索的艺术之道,转而埋头追求如何实现交付的科学之路。他们会教员工如何提高效率,充分利用好现有资产和分销渠道,同时对公

第三篇 打造开放式组织 释放组织创造力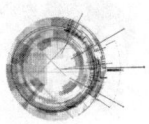

司最优质的客户言听计从"。

大公司当然具有创新能力,能够拿出创新成果。但是大公司往往面临着股东的压力,需要格外关注盈利和投资回报。而创新往往意味着血本无归的风险。正是因为这个矛盾,大公司的创新容易陷入困境。如果将这个大架构化为众多的小组织,则会有所不同。体外创新在互联网时代正在成为市场上一种隐形的主流。打碎组织,化整为零,在细化产品,应对客户"小需求"上创新不断。通过经营突破小组(或者叫持续改善小组),来进行跨团队、跨职能、跨事业部的协同。

移动互联网时代,发展的节奏开始不断加快,不断迭代求变将是企业未来的生存法则,大公司开始主动瘦身,裂变成众多小的个体,它们将化身一支支特种部队,像神经末梢一样,为体外创新搭建起敏感的触觉。打造一支体外创新的特种部队,让它们远离组织束缚,获得充分的自由和制度的松绑,到体外去发现创新的可能,这将是企业谋划未来的一个关键项。搜狐时代的搜狗输入法叫好不叫座,在分拆搜狗公司以后,才实现了真正的腾飞;曾火爆全国的微博也并非是由新浪北京总部做出,而是其广州团队的产品;腾讯的微信更是由远离深圳总部的广州研究院研发出来的;而淘宝网的诞生,则是由淘宝早期秘密成立团队在湖畔花园重新创业的成果。

四、突破业务流程边界,形成跨组织流程的协作体系

1. 让业务流程围绕客户而设计

在创新的旗帜下,公司的每个部门和分支机构在开发和维护自己的流程、系统和技术方面几乎都是各自为政。为了迎接创新时代的到来,企业的业务流程需要再造,让公司的业务流程围绕客户而非围绕工作效率来设计,需要更好地运用IT工具,打破传统的思维定势,摆脱自己内部造成的复杂性。流程改进的关键在于,需要将企业创造价值的流程与客户所需产品连接起来,将工作重点放在真正的创新上,确保企业的精力更多地投入到创新和真正的客户服务上,减少用于应对不同的流程风格、设备和软件的精力。

以客户为中心不仅仅是一个市场营销概念。事实上,在以客户为中心的公司里,以客户为导向事关每个部门的每位员工,而不只是营销、销售和其他客户服务部门。只有那些将客户导向的理念深深植入组织基因的企业,以组织与流程变革驱动组织的系统管理能力的提升,才有可能不断地创造出被客户所认可的产品与服务价值,从而确保企业在竞争日趋激烈的市场中屹立不倒且持续领先。

第三篇 打造开放式组织 释放组织创造力

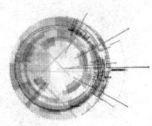

海尔进行的组织变革实践,以及小米的互联网模式,探索的都是如何尽可能做到同用户零距离接触,如何架构快速配置资源的平台,以快速满足客户需求。让听见炮声的人做决策。在丰田公司发明的著名的"及时生产看板制度"中,有一条质量管理原则就是:在发现质量问题时,流水线上的任何一位员工都有权拉绳终止生产。员工为用户负责而不是为上级负责。团队成员之间是一种"分工"与"协作"的关系,权力配置在流程上,形成一种系统化、集成化的管理方式。

2. 跨部门和企业边界的流程再造

一方面,在过去,企业以部门为边界进行组织职能划分,造成每个部门都着眼于自己的需求,在此情况下,每个人都难以清楚地认识到自己的决定对其他部门和团队产生的影响。虽然外表看起来大家都忙忙碌碌,每个部门都极力想把工作做好,每个成员都努力尽自己的职责完成公司给自己定下的目标。事实上,每个人和每个部门都在往对自己有利的方向上努力。在一个不健康的企业文化中,每个部门成员会认为如果自己的部门可以凌驾于其他部门的任务之上,就可以为企业带来更大益处。在此情形下,如果其中有哪个部门"赢了",那么整体就肯定是输了。

另一方面,全球化和日益强势的客户让企业的业务流程面临着巨大的压力。在过去,企业的成功是指单个公司的经营成功,企业的流程被看作是企业的专利,并通过对外保密建立起一种优势,公司与目标客户、供应商和合作伙伴之间普遍存在着"界限清晰的隔离墙",造成严重的低效率。现在,它描述了一个由若干公司组成的产业生态圈的经营成功,该生态圈中的公司彼此之间不断互动,流程不再被看作是离散和独立的,而是被看作一个统一体的一部分,和其他流程之间相互依存和相应。一家公司流程的顺畅运作有赖于其他公司流程的顺畅运作。事实上,在许多关键流程

上,如分销、采购和新产品开发,这种共生已经发展到了接近联合的程度。

要使公司以最佳效率运行并保持其竞争优势,公司内部各部门以及公司与外部合作伙伴的流程必须是协同的和高效的。只有当企业愿意向上、下游合作伙伴共享自己的流程,让流程开放透明,具备交互性、可预测性、一致性和可靠性,许多低效率才会消失。在产业生态圈内,除了显然是自己专有的流程外,将你所有的流程都对外开放,这种开放有非常充分的依据。在新的商业世界里,需要将你的流程与你的客户和供应商,有时甚至是与竞争对手的流程相整合。

3. 促进协同的机制设计

一个公司的流程,特别是必要的业务往来中所有涉及外部关系的流程,包括客户、供应商、经销商、合作伙伴和股东。在过去,公司与客户、供应商和合作伙伴之间普遍存在的严重的低效率,只有当企业同意共享流程后,许多低效率才会消失。一个流程不再被看作仅仅是公司内部事务,而必须被视为一个多组织的整体流程的一部分。因此,需要一种新的合作信条,因为要协调跨组织边界的流程需要公司之间前所未有的开放。将企业的流程和客户、合作伙伴以及供应商的流程相协调。

在某种意义上来说,企业的销售流程,就是客户的采购流程;企业的物流仓储流程就是企业供应商的分销流程;企业的入账和收款流程就是客户的应付账款流程。要使公司以最佳效率运行并保持其竞争优势,内部者和外部者的流程也必须是高效率的,并且要和公司的流程相契合。如福特汽车公司是这个领域的先行者,在几年前就开始向卡车零部件供应商开放,为他们提供福特的生产计划,并要求他们将福特采购的零部件交付到正在生产的卡车生产线上。未来属于那些认识到在他们彼此之间,在他们

第三篇　打造开放式组织　释放组织创造力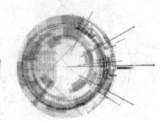

的客户和合作伙伴之间维持一个和谐的流程的重要性的公司。

4. 建立全新境界的流程

需要特别指出的是，促进协同的机制设计，不是简单地将旧的流程自动化和将产业生态圈客户的流通简单链接。将技术应用于旧的流程最多带来增量的效率改进，关键是通过灵活地使用新技术来创建全新境界的流程，进而优化客户体验。新流程再造就是优化这种关系，以便使公司能够充分利用客户、供应商和合作伙伴构成的商业网络来实现智力和专长的互补，无论是在组织内部还是组织与其客户、供应商和合作伙伴之间，也就达到了和谐的终极层次，成功将尾随而至。

实践案例一：豪佳电力股份从"电力施工商"到"平台运营商"

电力工程行业发展现状：①处于低集中寡占型的下边沿，承包商之间竞争较为激烈；②经营模式趋同，按传统的"投标－承包－分包－管理"程序模式运作，作为"二传手"角色；③企业缺乏核心优势，没有难以取代的独特技术和管理优势；④资金密集度高，资金密集、运营经验、技术、安全隐患要求高的行业；⑤行业在运营管理上缺乏创新和延伸，在全面市场化竞争形势下很容易被替代出局；⑥外部条件约束多投资额大、周期长、受外部条件约束多等特点。

企业当前面临的核心问题：市场竞争越来越激烈，合同单价越来越低，项目利润越来越微薄，加之施工企业受营业资质、技术水平、经济实力、抗风险能力、管理实力和赢利水平、地域信誉和影响力等因素影响制约，行业面临整合重塑。

行业发展趋势：开展经营合作、合作经营、搭建平台、资源共享、提升经营效率已是企业开发市场的潮流和方向。

公司创造性地提出了革新传统经营模式,建立平台化组织。提升企业生存能力和发展空间:一方面,对内建立项目合伙人机制、事业合伙人制度和实施员工持股计划;另一方面,对外搭建鑫同人价值共享平台,实现资源共享、协同作业、资金使用共享,统一调配人员、设备使用,企业与平台合作伙伴利用各自的优势资源强强联合,使资源互补、价值共创、利益共享、风险共担,提升经营层次,达到共赢市场、提升企业利用社会资源能力的目的。

通过鑫同人搭建合作平台,整合协作队资源,发展战略联盟,形成盘活资金、降低成本、共同受益、共同发展的格局;达到做强公司,做大平台,提升市场竞争力,抢占电力建设至高的目标。

实践案例二:北京国宗中医从"中医诊疗"到"家庭健康管理"

在传统的医疗模式下,患者就医痛点:①选择难——信息不对称,有病乱投医;②挂号难——排队时间长、程序繁琐、就医体验差;③问诊短——三分钟问诊、无充分沟通、深入了解病情;④过度医疗——就医成本高、医患信任低;⑤无沟通渠道——无跟踪、无答疑、无反馈。

国宗中医洞察到了传统医疗模式的特点,创造性地提出了通过重构就医方式和医患生态,解决患者就医痛点,建立便捷高效、专业化、一站式的私人家庭中医健康管理服务解决方案,改善就医体验,重构医者和患者之间的信任,由提供中医诊疗和药品销售转为向 VIP 会员提供家庭中医健康管理一站式服务!建立便捷高效、专业化、一站式的私人家庭中医健康服务解决方案:①构建国宗 VIP 家庭会员体系,提供人性化、专属化的健康管理服务;②专属私人家庭中医健康培训;③开辟独立私密的就诊空间,增加专人专属的导诊陪同;④提供名老中医专家专属健康指导;⑤建立完善的病案回访跟踪;⑥专业的外宾就诊接待、药品邮寄递送;⑦北京

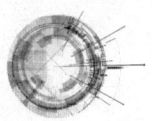

三甲医院绿色就医通道等专属服务等。为患者提供周到、多元化、人性化的专属中医健康医疗服务。

同时,实行医生合伙人制度,鼓励亚专科医生以创立品牌为主带领一个团队成立中心。合伙人制度也不以经济压力为驱动,合伙人没有经营任务,主要是打造一个平台,让医生在个人医疗水平和学术发展方面获得更大空间,让医院和患者也受益,最终达到三赢局面。建立起了一个值得信赖的名老中医诊疗服务平台,医院的使命上升为致力于引领和推广私人家庭中医健康服务新理念。

自我审视与评估

1. 你企业的员工会自我激励,主动自发发起工作?

2. 企业共同的目标追求、核心价值观、内部运行的游戏规则是什么?

3. 是否已准备好暴露公司的缺陷?他们是否愿意公开分享他们的思路和流程?如何跨组织共享控制、权力和权威?

4. 你是否在公司内部建立了赋能体系?对于公司希望雇佣的人,公司是否是他们心中最佳的工作场所?一些最优秀的人才是否正在离开公司?

5. 你企业内部各部门之间是否建立了流畅的跨部门合作机制?还是各忙各的,以自己部门和企业利益为重?

6. 在你的管理和影响之下,员工有所成长吗?他们有更多的自由吗?

第四篇
实施开放式营销 构建用户参与感

营销并不是以精明的方式兜售自己的产品和服务,而是一门创造真正客户价值的艺术。

——现代营销学之父　菲利普·科特勒

伟大的产品与好产品之间的区别就在于,伟大的产品会体现出一种大众能理解和感知的理念,这种理念能够在大众心目中成长,从情感上与之契合。

——苹果前首席设计师　罗伯特·布伦纳

消费者过去从未像现在一样拥有这么多的信息和选择。以前,企业只要凭借强大的市场攻势或分销手段,就可以将劣质产品摇身变成畅销品,只要生产一款说得过去的产品,砸下大笔营销费用、扼住营销渠道、限制消费者的选择,就可以坐等收成了。今天,随着互联网尤其是移动互联网和智能科技时代的到来,彻底重塑了人们的生活和消费方式,人类从来没有如此被紧密地联接在一起,互联网为消费者提供了巨大的选择空间,并且历史性地第一次实现了绕过所有中间媒介(报纸、杂志、广播、电视等)成为让每个人与所有人自由交流的新媒体:从互联网上的微博、视频到移动互联网的微信,以及家庭终端(智能电视、智能家具)的无缝链接,消费者还可以轻松对产品或服务发表评论,过去基于信息不对称的营销时代终结了。

随着科技、信息产业日新月异的发展,人们的需求与欲望,消费者的消费型态发生根本的改变,依据美国俄亥俄州的战略地平线顾问公司的共同创办人约瑟夫·派因第二(B. Joseph Pine II)与詹姆斯·吉尔摩(James H. Gilmore)在美国《哈佛商业评论》"体验式经济时代来临"中指出的那样:体验式经济时代已来临,价值演进的四个阶段为货物、商品、服务与体验。所谓体验经济,是指企业以服务为重心,以商品为素材,为消费者创造出值得回忆的感受。传统经济主要注重产品的功能强大、外型美观、价格优势,现在趋势则是从生活与情境出发,塑造感官体验及思维认同,以此抓住消费者的注意力,改变消费行为,并为产品找到新的生存价值与空间。在全面客户体验时代,不仅需要对用户深入和全方

第四篇 实施开放式营销 构建用户参与感

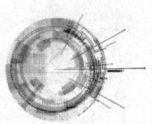

位的了解，而且还应把对使用者的全方位体验和尊重凝结在产品层面，不仅在质量和服务上超越客户的期望，在创新和互动上也要超越客户的期望，让感兴趣的客户参与产品的创造过程，让用户感受到被尊重、被理解和被体贴。

如今，在以80后、90后，乃至00后为主要消费群体的市场，企业想要吸引更多年轻人的眼球，占据年轻人的消费市场，就一定要融入年轻人的生活方式，在价值上进行重塑。而这一切的实现，需要企业从产品设计、渠道体系、店面管理、终端形态、品牌沟通等方面做出彻底转变。未来的企业，将在开放、公平的环境中营销，靠自己的绝对价值来赢取用户的忠诚与信赖，基于绝对价值的全面客户体验时代到来了。

一、突破产品/服务边界,创造极致价值体验

1. 打造难以拒绝的魔力产品

通常来说,做产品有六种境界:可用的、易相处的、精心设计的、精心构思的、杰作、艺术品。在未来,产品质量可靠和可用、易用只是企业获得成功的基本要求,并不能保证企业超越竞争对手,因为任何一个优秀的竞争者,都把质量和可靠性看得很重要,对于消费者来说,前三名的质量没有区别。未来不是生产还能用的产品,而是无法拒绝的产品,考虑的重心不应该是如何让消费者使用,而是如何让消费者第二次使用,反复使用。

提及产品创新,苹果与乔布斯已经成为不可复制的传奇,iPhone、iPad、iPod、iTunes 等苹果家族产品不仅改变了手机等行业生态,也影响了音乐等多个产业。苹果以其极简的设计理念以及唯美的产品美学让用户发出由衷的赞叹。iPhone 4 和 4S 已经成为了工业设计的典范,它们的精致构造简洁到无以复加的地步。苹果产品简洁的美学观符合最基本的人性、高效、视觉享受、良好的操控体验、新奇好玩、潮流时尚、与众不同则满足了消费者在产品功能性、心理情感上的需求,使苹果带来了可感知的消费

第四篇 实施开放式营销 构建用户参与感

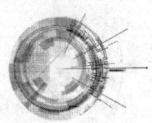

者利益，使其完成了完美的品牌形象塑造。不仅是产品本身，甚至连苹果产品的宣传广告，还是产品发布会，那种美妙的画面、优美的旋律、深邃的意境总是能让人过目不忘甚至念念不忘。苹果每一次非常有风格的促销，在吸引着一批又一批的稳定客户的同时又吸引着一批又一批潜在的用户。《乔布斯传》说："他没有直接发明很多东西，但是他用大师级的手法把理念、艺术和科技融合在一起。"苹果的产品总是体现出一种令人惊叹的设计美学。

产品创新的根本是聚焦用户，把自己当作顾客，产品首先要为自己设计，也只有这样，才可以说是真正做到以用户需求为出发点创新产品的设计，为用户提供更加人性化的服务和产品。正如亚马逊创始人兼首席执行官杰夫·贝佐斯曾经说过的"以前，人们会花30%的时间打造产品/服务，70%的时间大张旗鼓地宣传。但是现在，情况正好相反"。只有尽善尽美才能为人喜爱，打造魔力产品的核心是设计出人性为本的产品体验，让产品与客户建立情感纽带。设计出让消费者惊呼甚至愿意与亲朋好友分享喜悦的产品。当我们成功建立起产品与消费者之间的情感纽带，魔力就会出现。客户就会对品牌忠贞不渝。

案例：迪卡侬产品和服务体验创新

当你打篮球时，你有没有遭遇过这样的尴尬：球被钉子扎破了，比赛无法进行下去。如果有这样一个篮球，拍打十下，漏洞就可以修补回来，价格只有69元，你有没有买的欲望？

有这样一个双用途系统的运动水壶，在600ml容量的瓶子里面，瓶口位置可以装上运动饮料电解质胶囊，使用时，直接喝是白水，把瓶口拉出来并在三个浓度刻度当中选一，再喝的时候白水通过瓶口和电解质混合而变成运动饮料，两种饮料切换只需要一个拉出瓶口的动作。杯子价格59

元,六袋装的胶囊不到20元,你会不会有兴趣研究一下这个系统是怎么操作的?

时至今日,在传统零售日渐低迷,甚至关店成风的情况下,迪卡侬的扩张速度可谓"激进"。首先来自产品方面的创新,迪卡侬每年有近3000件新品问世,产品更新率约为10%。2014年,研发中心与品牌团队180多位设计师合作开发近200个项目,其中包含新注册专利106项。

在顾客体验方面,迪卡侬更是采取了惊人之举——取消退换货政策。原本必须30天内才能退换货等约束性政策将被彻底打破,从此对于退换货服务将不设期限,只要是在迪卡侬购买的产品,随时都可以到门店进行退换货,并且无需小票。就连迪卡侬内部的工作人员都表示,此举一出,"惊吓大于惊喜"。要知道,包括沃尔玛、家乐福等在内的跨国零售企业,到中国都会忙不迭地取消在国外市场通行的无条件退换货政策,为什么迪卡侬会反其道而行之?通过调查发现,迪卡侬80%的投诉理由是退换货的原因。而当初,设定30天退换货的原因是为了避免一些恶意顾客利用这一规则进行退换货,而这样的比例只有2%~3%。"取消这个政策,是为了不让管理那3%的顾客的规则,影响到97%真正顾客的购物体验。"

2. 激发顾客情感共鸣

在新消费升级时代,企业产品要赢得目标客户的青睐,必须要创造出产品之外的体验和意义,创造一种能唤起顾客共鸣的体验。伟大的产品与好产品之间的区别就在于:伟大的产品会体现出一种大众能理解和感知的理念,这种理念能够在大众心目中成长,从情感上与之契合。你可以设计一款与iPhone相似的产品,拥有漂亮的细节和材质,但这并不意味着它最终能够成功。除非你拥有一个强大的理念,能够覆盖它的外观展示、操作、功能,以及它与大众沟通的方式、它的品牌定位和品牌效应。只有当

第四篇　实施开放式营销　构建用户参与感

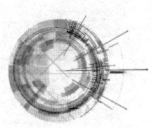

以上提及的各方面全部具备且相辅相成时，才能形成一款优秀的产品，从而成就一番好事业。当产品失去了激发顾客情感共鸣的因素，也就失去了让顾客购买的理由。相较之前短缺经济年代，人们更愿意购买在制造、包装、运输以及丢弃的各个环节都尊重环境、尊重与其相关的各个方面的企业生产的产品。

有一项研究表明：购买体验比购买物品本身能给人带来更大的满足感。在网络经济时代，所有新世代企业都必须着眼于服务的提供而不再仅仅是产品本身。即使中间混搭着产品，也都笼罩在服务的光环之下，这些服务中都充斥着体验的痕迹，凝结起更多的感情因素，让顾客为独特、爽、省事、自我实现等诸多体验而踊跃付账。南希·杜瓦特（Nancy Duarte）是一位演讲顾问，她帮助企业领导者通过具有画面感的故事讲述方式，来创造更具吸引力和说服力的演讲，在她的《共鸣》（*Resonate*）一书中写道："由于当前太多的产品都很相似，那些能够激发情感反应的产品才会成功。"如果你相信设计的力量并用设计激发顾客的情感共鸣，你的公司从里到外都会焕然一新。为达到这个目标，美观、新颖、魅力必须融入到每个产品、设计和客户接触点中。一旦你做到这一点，你的产品和服务必定会脱颖而出。

体验经济是继农业经济、工业经济和服务经济阶段之后的第四个人类的经济生活发展阶段，或称为服务经济的延伸。从其工业到农业、计算机业、因特网、旅游业、商业、服务业、餐饮业、娱乐业（影视、主题公园）等等各行业都在上演着体验或体验经济。竞争的根本是吸引顾客，而顾客的偏好取决于体验。企业必须以经营顾客为中心，其成败的关键就在于是否具有卓越的顾客体验、激发顾客的情感共鸣。下面，我们再来看看星巴克是如何激发顾客情感共鸣的。

案例：星巴克咖啡

星巴克提供给顾客的不是一般普通的咖啡，星巴克绝不仅仅是销售咖啡那么简单，而是展现了咖啡从土壤到杯子的一整段完美历程。这包括以道德采购的方式购买顶级咖啡，不仅能回馈给咖啡农现金，更能帮助他们建设健康、可持续发展的咖啡园。全世界只有3%的最高品质的阿拉比卡咖啡豆才有资格进入星巴克。星巴克的理念是烘焙出品质最佳的咖啡，让咖啡豆的风味潜力得以最大化发挥出来，这意味着星巴克烘焙咖啡豆的时间比大多数同行都要更久。多数咖啡公司将不同类型的咖啡豆混在一起是为了掩盖劣质咖啡的味道，但星巴克一直以混合为契机来提升世界各地的咖啡的口感。每一杯星巴克咖啡都意味着世界顶级的品质，咖啡豆的道德采购标准，咖啡师们的全面医疗保险体系和公司配股机制，咖啡农得到公平和人道的对待。此外，还有充满激情的咖啡专家，他们对咖啡的了解是其他咖啡公司的人所望尘莫及的。星巴克的品牌特点在于顾客自步入店门时就拥有独一无二的体验：咖啡的香味，星巴克的社会责任感，顾客与咖啡师们如家人般亲密的关系，顾客为购买星巴克高品质咖啡而承担的社会责任感而感到自豪。

要激发顾客的情感共鸣，企业要学会站在用户的世界去思考问题，在产品功能和服务体验设计上，企业要学会站在用户的世界思考问题。如果站在自己的角度去思考，你会说：我做了90%的功能，已经很强大了。但却不知道剩下的10%中的每一个小功能，可能是引起用户真正在意的问题，这甚至会让你增加近10倍的增量。不管你多么擅长某个功能，它有多强大，只要不是用户真正在意和关注的体验点，它就是无用功。或许大家自认为是行业精英，不管什么功能捣鼓两下就出来了，没有认真想过用户的产品使用习惯。

第四篇 实施开放式营销 构建用户参与感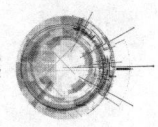

另外，在新商业时代，企业必须有一颗年轻的心，具备年轻化思维，站在年轻人的世界思考企业的产品和服务创新，毕竟，大部分企业未来的主流用户群都是面向 80 后、90 甚至 00 后消费群体。企业必须与时俱进，充满活力，想年轻人所想，急年轻人所急。以年轻化思维审视产品，必须色彩绚丽、外形轻便、功能快捷，要酷、要时尚、要吸睛……。而倚老卖老，以不变应万变的时代一去不复返了。一个有格调的产品、有魅力的服务、有情怀的引导、有互动的体验、有梦想生活方式的引导，才能赢得年轻一代用户的喜爱。

3. 建立一种以设计为导向的文化

锤子科技创始人兼 CEO 罗永浩曾经说过：在一个理想化的世界里，一个企业的光荣和魔力一定是因为产品的成功，而产品的成功一定是因为设计的成功。当产品被呈现出来时，顾客并不关心过程只关心结果，但对企业而言，每个细节的展现都很重要。企业要善于运用设计，为顾客提供一种非凡而精彩的体验。企业要懂得如何与顾客建立深厚的感情。而产品是通向一系列持续体验的门户。将设计定义为有意识地仔细经营企业与顾客之间的互动点。这一定义囊括的内容将从你可以触摸、穿戴、品尝、观察、倾听或驾驶到那些显性互动点延伸到隐性互动点，比如当客户以某种方式与一个企业产生互动时，客户所被激发出的所有情感体验。

产生一项好设计的过程，实际上通常是源于意外发现。摩托罗拉可以开天辟地，却不能建立一种以设计为导向的文化以成就稳固的领导地位。墨守成规让产品毫无生命力或灵魂可言。摩托罗拉并没有设计文化，它所拥有的只是试图作为设计文化的技术文化。在操作系统方面，摩托罗拉从未设计出一款优秀的手机用户界面，从未让顾客拥有良好的用户体验。也未能在所有的客户接触点创造出一致的设计风格。

行之有效的设计就是通过整体体验来建立企业与品牌发展的情感联系，而这其中的产品或服务将为这一体验提供门户。在设计中纳入"体验的动作设计"，这是大众通过一切可能的接触点所获得的。苹果公司对于大众来说是至关重要的，因为它不仅在外观上是极具魅力的硬件，同时它还是一系列连贯完整的客户体验。人们觉得自己与苹果公司之前存在某种深刻的情感联系。这正是伟大的设计所产生的效果，它能让大众爱上你的公司。当从更广泛的角度来定义设计时，设计师融入了情感，这些情感和感受都是人们通过每次的接触体验与公司建立的一部分关系。你能够尽其所能以各种方式对其产生影响。企业就是这样在大众心目中建立一个公司或一个品牌形象的。

在苹果公司，设计师们对每一项新的设计都要拿出10个完全不同的模拟方案，从中挑选出三个，最终决定出一个最优秀的设计方案。并且要求这10个方案必须都要有充足的创新空间。这就保证了苹果的产品能很好地保持着对人们的吸引力，一直保持着苹果的"新鲜度"。不仅如此，苹果公司对于一件新产品的研发，还会有两次非常重要的设计会议。一次是头脑风暴会议，进行自由创新；第二次则将重心转移到应用的开发，挖掘更多的潜在发展可能。严谨、科学的设计方法缔造了完美的产品。当然，设计并不仅限于产品的外观和包装创意，更重要的是大众与产品之间的所有互动接触点和整体体验。

4. 设计整个客户体验价值链

UCD（User-Centered Design）即以用户为中心的设计。简单地说，在进行产品设计时从用户的需求和用户的感受出发，围绕用户为中心设计产品，而不是让用户去适应产品，这需要考虑用户的使用习惯、用户在体验产品前后的整体心理感受等。在网络经济时代，任何企业必须了解如何设

第四篇　实施开放式营销　构建用户参与感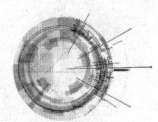

计整体客户体验，否则就会被市场所抛弃。完整的设计应该包含顾客对公司和产品的全方位体验：亲眼所见，交流所感，以及接触所得，将产品设计看作一个整体概念，包括产品如何操作，给顾客的印象如何，以及给顾客的感受如何。这些会逐步形成观念并激发出顾客想拥有产品的欲望。这些触点不应该只是碰巧被激发，而必须去精心地设计和协调，这能让产品在顾客心目中有着举足轻重的地位，公司和顾客都会非常享受这种一拍即合的感觉。

通过整体体验设计让公司和顾客建立密切联系。把自己当作顾客去思考，自己会如何购买此产品，当自己拥有此产品并打开包装盒时，有什么事情发生，会有怎样的感受，以及有关产品的一切是如何与顾客沟通的。这一切都促使企业开始去了解自己产品的市场表现时会产生的一连串事件。这也是设计的一部分，所有这些触点对企业而言具有非凡的意义。拥有产品只是与顾客互动关系的开始。产品如果有问题时会发生什么？之后又会发生什么？对此，顾客有何感受？所有这一切都必须纳入客户体验的总体设计中。

做出优秀的设计不仅仅是靠优秀的设计师就能满足，它需要公司中的每个人都做出努力，自始至终，从头至尾。将注意力集中在希望创造并提供的体验上。iPhone 成功将设计与商业相结合，iPhone 并不仅仅是个实物，而是通向缤纷体验的门户。

宝马公司一直都致力于为汽车拥有者带来更广阔的体验以及拥有"宝马"的价值意义。宝马公司不但将时间花在审美与材质上，而且还将时间花在回答以下类似问题上：当你关车门时声响如何？当你转动方向盘时感觉如何？他们不仅从一个机械技师的角度看待类似"门如何打开"这样的问题，而且更是从顾客的角度来看待这一问题，比如：当他们抓住门把手按下门钮的时候，感觉如何？当关上车门，门会发出怎样的声音？这些都

是设计元素。

宜家的做法则更加巧妙。宜家把设计运用在产品上,而且它还知道如何使优异的设计造价低,但它的作为并不止于此,宜家商店的风格也经过了精心设计。他们把造型简洁、设计精良且价格低廉的家具,放在令人称赞的环境中展示。宜家代表的是一种伟大的产品设计方式,一种伟大的客户体验设计方式。

国际运动品牌耐克也非常注重顾客对设计的感受。尽管耐克的很大一部分顾客并不是运动员,但耐克一直坚持,让它的产品设计和品牌紧密围绕运动员来表现,这非常有远见。一张耐克体验中心的海报这样写道:"你或许不能拥有老虎伍兹相同的挥棒英姿,但你可以穿上与之相同的服装。"在耐克公司,对话总是会从"我们正在设计手表和对讲机"变为"什么能让这款产品显的更有运动气息"。

5. 产品与服务体验的前置趋势

互联网技术发展让大规模的体验前置成为了可能。在今天,前置体验几乎是互联网产品的标准配置。网站新闻、搜索引擎、杀毒软件等等,前置体验的互联网产品实现了"只要消费者想要,马上就可以体验它"。数字技术发展,也在让传统行业实现体验前置。3D展厅,让消费者随时可以体验汽车的外观、内饰,甚至驾驶的感觉。网络试衣间让服装能提前被消费者感受。在某试衣网站,用户可以注册上传自己的头像、体态数据,只要选择自己喜欢的衣服就能看到衣服的效果。

对于互联网一代的消费者来说,在购买前一定要先体验,或者一定要提前知道其他消费者的体验。消费者大量使用互联网的口碑分享作为自己购物的选择依据。有一个词是前置消费者(Presumers),其意是指,消费者远在产品正式问世之前,就积极参与产品的生产过程,支持产品改进和

第四篇 实施开放式营销 构建用户参与感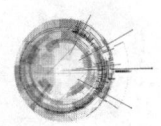

问世。这群消费者和品牌的关系紧密,并且是口碑宣传的最佳代言人。前置消费者的出现,揭示过去品牌和消费者互动关系的改变,消费者将主动站在品牌面前与品牌缔结关系。并且能够帮助企业以消费者为本去改善产品,让更多的潜在客户获得前置体验。

企业需要创新地把体验不断前置。降低使用门槛,让消费者想要就能马上体验它。免费使用、虚拟情景、体验店都是可以使用的手段。在产品开发上,要记住"不是你干了什么,而是用户感受了什么"。利用好与前置消费者的关系,提前让消费者加入到你的产品设计流程中来。众筹、个性化定制都是可用手段。除了体验要前置外,还要努力保持体验的持续性,强调存在感。比如,免费杀毒软件的加速小球,为消费者随时感知免费杀毒软件的存在感,消费者也愿意空闲的时候点击加速小球。所以,消费体验不仅要好,还要前置。

6. 产品和包装的媒体化

产品要成功,首先要有"无形的理念",把产品和包装当作一个传播的媒介来设计,让产品本身像媒体一样,可以产生内容,让产品本身像媒体一样,可以传递信息,让产品夹带上媒体属性,会产生巨大的价值。既然我们可以说"一切皆产品",也可以说"一切皆媒体"——你的产品本身,而不仅仅是公众号,也可以具备媒体价值。另一方面,产品包装是产品与消费者沟通交流最重要的媒介之一,是决胜终端"临门一脚"最有效的手段之一。因此,包装不仅仅是包装本身,包装也绝不是美观好看那么简单。通过产品和包装本身能够精确地传递出产品的核心信息,让消费者能够在接触产品的同时获得更多有效信息。

用设计的新视角,通过与人性结合来设计出美的产品,通过产品和包装设计体现产品格调和诉求;在这个关注度稀缺的全新时代,谁能用简

单、干脆的方法把信息传递出去，谁才是最终的赢家。在充斥着数码原住民的世界，争夺注意力的战斗激化了，要想让他人听到你发出的声音，唯一的办法就是简洁到极致。

好的产品和包装能够带给美好的未来或者赋予消费者个性，作为消费者，当然喜欢那些具有美感并且能够让自己活得更加美好而且富有个性的产品。物质消费的竞争进入了心理消费的过程，如果设计出来的产品能够让人"着迷"，能够捕获消费者内心的产品自然会在市场上取得可预期的成功。

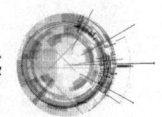

二、突破定价边界，创新价格形成机制

1. 从"成本定价"到"价值定价"

过去大家熟知的"以成本为基础的定价法"是工业经济时代企业的通行做法，企业根据产品生产、营销成本及利润率进行产品价格确定。在网络经济时代，成本定价方式已经越来越难以跟上消费需求的变化，人们买东西不仅仅是满足最基本的使用需要。人们更关注的是一件产品是否和自己产生情感联系。而这种情感联系，就是价值。而围绕价值制定的定价策略，就是价值定价。拉尔夫·列辛斯基对"价值定价"有更深刻的理解，他在《麦肯锡季刊》上撰文说："价值的实质是围绕客户从产品中获得的利益和他（她）为之所支付的价格之间的平等交换，客户并不只买价廉的产品，他们会依据产品价值来购买，一些心理学家相信，价值在实践中包含了认知和情感两个方面。"

价值定价法，以市场需求为导向的定价方法，价格随市场需求的变化而变化，不与成本因素发生直接关系，估算消费者愿意为此项产品或服务支付的最高金额。如杜邦公司，发明了一种改良式的软管，它可把具有强烈腐蚀性的化学物品，从某一工序运送至另一工序。过去，旧式软管需每

年更换一次,因此客户必须每天关厂一天,关厂一天的成本假定为 1 万美元。如今这一新式软管每 3 年才需要更换一次。如果顾客仍旧选购旧式软管,3 年内该名顾客必须花费 3 万美元(即 3 天的关厂成本)。再加上软管本身的费用。但顾客若采购这种改良式软管,3 年内只需 1 万美元,再加上此种软管的价格。杜邦所面临的情况是:

(1)顾客购买旧式软管且每年关厂 1 天;

(2)每三年购买一次改良式软管。

因此,杜邦为这种新式软管所制定的价格,便是略低于这种"无动于衷的价格",以驱使顾客转购这种改良式软管。杜邦制定的价格,与这种改良式软管研发和导入市场的成本无关。价值定价法亦可应用于其他的情形:人们愿意为音乐厅正面前排的座位,付出比楼上包厢更高的票价;周六晚间的票价也比平常日贵一些。

案例:苹果手机定价策略

产品售价并不一定是硬件软件成本再加上一定比例的利润率构成。具体给产品设定多少出售价格,还有很多因素需要考虑到。苹果在 iPhone 7 中取消 16G,采用 32G 起步的存储容量,同时取消 64G,iPhone 7 的版本 32G、128G、256G。为什么不 64G 起步?这只是苹果 16G、64G、128G 策略的一个延续。一方面,苹果在 iPhone 7 中取消了 16G,采用 32G 起步的存储容量,这是商业的考虑,苹果解决的是 16G 不够用的问题,而不是让你获得更大的存储空间;另一方面,如果苹果将起步容量定在 64G 起步,那么所有人都会购买 64G 版本,而不会购买 128G 版本,而 32G 起步,则会让更多的人考虑 128G 版本,这和 16G 起步,变相鼓励人们购买 64G 是一个道理。加大更高存储容量的销售,获得更多的收益。iPhone 7 发布后,通过调查,5.7 万多名智能手机用户对 iPhone 7 有购买意向。结果显示,

第四篇 实施开放式营销 构建用户参与感

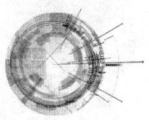

在即将购买 iPhone 7 的用户中,有超过 50% 会选购 128G。因为消费者对大容量 iPhone 的消费习惯已经养成,苹果从单部 iPhone 中获得的利润将会更高。

2. 从"固定价格"到"动态价格"

在网络经济时代,随着科技的发展,基于固定价格或猜测的定价方式已经落伍了,现如今,定价就是确定你收取的价格和你认为产品消费者能够接受的价格,然后对两者范围之间的每一个价格进行测试。通过价格测试,进行精准和动态定价,带来强有力的价格灵活性。

如线上代销平台 RealReal 就是一个很好的例子,它的销售范围包括女星奢侈服饰和珠宝,它会持续追踪消费者数据从而根据需求情况来动态调整价格:比如一条连衣裙在周二上午的 11 点上架,标价 360 美元,到了下午一点的时候浏览量达到了 700 却没有一个人购买,这时它的价格就会下调,对于每一个货物的价格,每一天,甚至每天的不同时段,网站都会有不同的计算方法,而且这些计算方法会根据之前测试所得结果进行自我调整。

再如林氏木业,建立了线上价格动态调整机制:产品上线后,如果市场反应未达到预期,则会根据浏览量、收藏数、停留时间、跳失率、下单数进行分析,调整价格,直到产品销量符合预期,有的产品平均改价 10 次。还有滴滴快车价格动态调整机制:在乘客与车辆供需失衡时滴滴对动态调价做倍数、加价。动态调价的本质是让市场实际的供需关系来决定价格的波动,以解决出租车在特殊情况下运力不足的问题。

另外,我国医疗服务价格将建立动态调整机制,逐步建立以成本和收入结构变化为基础的价格动态调整机制,动态调整医疗服务价格,最终实现医疗服务比价关系基本理顺的目标。重点降低大型医用设备检查治疗和

检验价格，提高诊疗、手术、康复、护理、中医等体现医务人员技术劳务价值的医疗服务价格。

3. 建立在字节基础上的免费经济学

数字化网络时代，超越过去建立在物理原子基础上的经济学，形成了一种建立在电脑字节基础上的经济学，一些相关企业具备了把产品和服务的成本压低到零的新型卓越能力，这是数字化时代的一个独有特征，当某样东西成了软件，它的成本和价格就可以不断地趋向于零。企业零价格销售照样可以赢利，零价格策略获得成功的前提是通过技术或商业模式创新带来的成本降低，而不是自杀式的营销扩张。

谷歌一直是互联网免费策略的实践者，为了跟微软的版权收费策略一较高下，谷歌先后把图书馆资料、邮箱、地图、照片管理、办公软件等统统免费，结果谷歌成了全世界最大的互联网公司。2005年以前，用户玩网游都是按时间收费，巨人、盛大的"游戏免费、道具收费"模式，随着巨人的《征途》和盛大的三款主力网游开创免费模式后，网游市场规模几年时间长了数十倍。360安全卫士的免费模式，通过基础服务免费，将杀毒软件市场彻底颠覆。相应地，安全软件的普及率从10%提升到90%以上。通过增值服务和高级服务收费的方式，360成为了中国互联网安全行业的霸主。

第四篇 实施开放式营销 构建用户参与感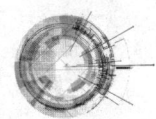

三、突破渠道边界，形成立体交互网络

1. 从交易型关系向伙伴型关系转变

传统的渠道关系是"我"和"你"的关系，即每一个渠道成员都是一个独立的经营实体，以追求个体利益最大化为目标，甚至不惜牺牲渠道和厂商的整体利益。在新型伙伴式关系中，厂家与经销商由"你"和"我"的关系变为"我们"的关系，由油水关系变为鱼水关系，由双方之间的博弈变为共同联合起来与市场的博弈。在新型合作关系中，厂家对经销商实施"内部化"管理，与经销商一体化经营，使分散的经销商成为一个整合系统，共同致力于提高销售网络运行效率，降低费用，管控市场，渠道成员为实现大家共同的目标共同努力，实现双赢。

案例：格力空调与经销商合作模式

格力的成功，在很大程度上是渠道模式的成功。格力渠道模式最大的特点就是公司在每个省和当地经销商建立营销联盟，合资建立销售公司，使经销商之间化敌为友，形成利益共同体，遵从共同的游戏规则。"以控价为主线，坚持区域自治原则，确保各级经销商合理利润"，由多方参股

的区域销售公司形式,各地市级的经销商也成立了合资销售分公司,由这些合资企业负责格力空调的销售工作。厂家以统一价格对各区域销售公司发货,当地所有一级经销商必须从销售公司进货,严禁跨省市窜货。格力总部给产品价格划定一条标准线,各销售公司在批发给下一级经销商时结合当地实际情况"有节制地上下浮动"格力模式的根本性的变化在于格力公司与经销商组织建立一个地区性、格力为大股东的合资销售公司,以这个公司来充当格力的分公司管理当地市场。各区域销售公司董事长由格力方出任,总经理按参股经销商的出资数目共同推举产生,各股东年终按股本结构分红,入股经销商形成一个利益联盟。对入股经销商的基本要求是当地经销商大户,并且格力占其经营业务7%以上。格力模式中制造商由于不再建立独立的销售公司分支机构,很多工作转移给了合资销售公司,形成了平等合作,互利互惠的长期稳定的合作关系和渠道体系。

2. 渠道扁平化和互联网化

渠道的扁平化:在过去,面对众多消费者及多样的消费市场,生产厂家既要生产或提供满足市场需要的产品和服务,又要以适当的成本快速地将产品和服务送到目标消费者手上。实现全面销售,这对于厂家来说,即使有可能做到,也未必能实现企业的收益最大化。因此,通过一些有实力的经销商利用当地的市场资源来分销产品成为生产企业销售和市场开拓的必经之路。现如今,日益高涨的渠道成本和同质化的产品,削弱了企业在终端市场的竞争力,因此对于企业来说,通过缩减分销渠道中不增值的环节或者增值很少的环节,重新定义与渠道商的合作关系与合作模式,降低渠道成本,不断缩小生产商和消费者间的距离,构建强有力的扁平化渠道成为了明智的选择。尤其在产品和服务都趋于同质化的大众消费市场,通过建立起扁平化的、直接面对终端消费者的渠道体系,与渠道合作伙伴之

第四篇 实施开放式营销 构建用户参与感

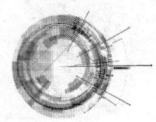

间形成以合作模式创新为主要差异化优势的全新渠道模式是众多企业可行的选择。例如，饮料巨头哇哈哈就是以其无与伦比的强大的渠道网络确立了其饮料霸主的地位。

渠道的互联网化：很多传统为了跟上互联网时代发展，也在不断寻求与互联网的接轨，但思维上仍然是固步自封，尝试自建网络销售、社交平台，而实际上，很多传统企业很难找到一条有效的交互实现方式。比如，它们自建的电商官网，很难获得海量用户，而入驻第三方销售平台，用户却又是平台商的，同时，高昂的平台费用也让越来越多的企业黯然离场或望而却步，此外，企业还不能缺席微博、微信等社交平台。因为不能从根本上对互联网有一个清晰的认知，大部分传统企业在互联网化方面都是浅尝辄止，最终的尝试结果都是束之高阁或不了了之，而不能实现与互联网的深度融合，实现脱胎换骨的改变。

案例：海尔与电商的深度融合

2012年9月，海尔首次尝试与淘宝聚划算合作，以互联网团购的方式销售三款定制彩电，4个小时内5000台彩电全部售罄。此外，海尔进驻天猫的预售平台，在三月份推出了15款定制产品，最终售出1.6万多台。2013年双11之前，海尔在天猫平台上策划了一场名为"3721"的定制活动，最终卖出了1.75亿元的家电产品，名列第二。2013年12月，阿里巴巴集团向海尔集团投资28亿港元，使得海尔在电商时代的身份，一下子从众多上游老牌家电供应商当中的一个，变成了这个移动互联产业中难以被替代的深度参与者。

3. 零售全渠道发展是大势所趋

在过去，企业习惯于将渠道划分为传统渠道（线下渠道）、新型渠道

（线上渠道）和特殊渠道，各个渠道部门之间完全分离，如传统渠道是一个事业部、第三方电商平台是一个事业部、社交电商是一个事业部，各自按照各自对消费者的理解，对零售业态的理解做事情，导致各个渠道相互割裂。在未来，将线下渠道实现"社区化"，线上渠道实现"移动化"是大势所趋，最终实现传统渠道、线上平台、社交平台的全渠道闭环，全渠道触达客户，实现客户一站式的服务体验，完成线上线下链接和融合是必然选择。

通过一体化平台将用户需求有效地进行线上线下整合并提供良好的服务。线上和线下渠道本质上都是服务用户的，整合线上线下渠道，为客户和用户提供更好的服务体验。按照顾客生活方式的主题组合商品，升级终端形象，围绕核心场景，提供无缝的购物体验，超越消费者的预期，让消费者获得意外的惊喜，增加消费者体验感，终端通过场景式的产品展示、玩伴式的店员引导等，变销售渠道为互动体验平台。用差异化产品服务客户，用情景化氛围感染用户，以极致化体验打动客户。

苹果店的店员不叫销售员，而是服务专家，或者私人培训师。在苹果招聘网站上是这么描述的："与 Apple Store 零售店的每位来访者分享你的技能并激发创意。作为 Creative 私人培训师，你需要营造 Apple Store 零售店独特、热情友好的氛围。你需要为顾客提供培训，让他们学会如何将愿景变为现实。最让你激动的莫过于帮助顾客创造精彩内容"马云提出的新零售即是以互联网为依托，通过运用大数据、人工智能等先进技术手段，对商品的生产、流通与销售过程进行升级改造，进而重塑业态结构与生态圈，并对线上服务、线下体验以及现代物流进行深度融合的零售全渠道新模式。

如海尔，在传统营销模式基础上，善于利用社交网络和 APP 开辟新战线。在海外，海尔在脸谱网上黏住了 10 万多名铁杆粉丝。在澳洲，海尔通

第四篇 实施开放式营销 构建用户参与感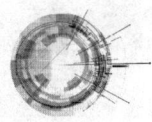

过脸谱网实现与用户的互动，从而使法式对开门冰箱在澳洲市场超越LG、三星，连续两次获得澳洲用户最满意品牌第一名。目前，海尔已经建立了专门的网上设计体验馆，用户可以根据海尔提供的模块自行设计产品，并随时下单。所谓"实网做深"，就是进一步完善营销网、物流网、服务网，形成一个覆盖全国、甚至是全球的网络，实现与"虚网"的有效结合。目前，海尔在全国建立了"销售到村"的营销网、"送货到门"的物流网和"服务到户"的服务网。完善的线上线下相融合的营销网络已经成为海尔的重要竞争优势。

四、突破沟通边界,开展交互社群营销

移动互联网带来了消费者生活方式的变化,让品牌、产品与用户沟通的路径更短,进而影响到传播、营销、推广、互动等一系列商业环节。随着网络经济的发展,与消费者的沟通变得越来越重要,现如今,消费者已经对铺天盖地的广告宣传麻痹了,他们也很抗拒在感情上被操纵。

社交媒体时代,人们不满足于单向的关注而是渴望互动交流。移动互联网提供了这样的机会和平台。展示自己,获得别人的关注,同时去关注别人,与人互动,在不断的虚实交流中经营粉丝。如今大部分企业都有微信公众号了,并且想方设法地增加粉丝。甚至花高价将微信外包出去,这样做意义不大。努力做到线上跟每一粉丝都有所互动,在产品的设计之初能够让消费者进行测试和评价,在产品售后服务中对产品和服务体验进行实时反馈,每天通过线上互动,真正去实现线上线下相结合。通过互动让粉丝感觉到企业的用心和诚意。虽然企业提供的只是一个小小的产品,但一定要让顾客感到这个品牌是有温暖和情感的。好的沟通能够深入消费者的心底,拨动他们真挚情感之弦。

第四篇　实施开放式营销　构建用户参与感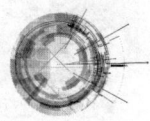

1. 互联网世界的公民

　　智能手机的出现彻底改变了人们的生存状态。手机已不仅仅是一个通信工具，它变成了人与外部世界连接的超级终端。"给我一部连上 WiFi 的手机，我就可以连接世界。"低头一族不论年龄，没有代沟，同在地球上，都在低头看手机。智能手机无时无刻不在占据我们的生活，正如摩根士丹利发布的一项互联网趋势研究报告显示，90% 以上的人每天 24 小时保持与手机的距离不超过 1 米。2012 年 TeleNav 调查中问及：为了保留手机，你愿意放弃哪些"让你感到开心的习惯"？其中，28% 的苹果产品用户宁愿放弃自己的另一半，23% 的安卓用户同意苹果用户的选择。麦肯真相研究所（McCann Truth Central）最近的研究显示：49% 的已婚母亲宁愿与结婚戒指分开，也不愿远离移动电话。2012 年哈里斯民意调查的结果表明：40% 的人愿意在监狱里待一个晚上，以保住自己的社会化媒体账户。

　　最近五年来智能手机的普及改变了众多行业的互联网认知，无论是遥远的乡村，还是繁华的都市，都被移动互联网连接起来。你在朋友圈会经常看到朋友们的老爹老妈上微信、上微博、上手机 QQ 等聊不停、打不住的生活故事，你也会看到朋友们在感叹小朋友们都在用 iPad 学习与玩耍，我们都成了互联网世界的公民。早在 20 世纪末，美国社会学家保罗·莱文森就在《手机》一书中预言，手机将成为人体的一个新器官："手机不仅有移动的功能，而且有生命和创造的功能。"如今，手机已经牢牢长在了人们的身上，人们临睡前抚摸的最后一个物件是手机，醒来后第一个摸索寻找的物件也是手机。

　　移动互联网时代，人们随时在线，信息的传播速度与传统媒体时代相比不可同日而语。整个社会正在发生多米诺骨牌效应式的变化。虽然信息每天都在以几何级数暴增，但传统的大众传媒却在衰落，人们接收信息的

习惯改变了,以前是读报纸、看电视,现在是看手机。传统的大众传媒受众正在大幅度减少,电视开机频率下降、都市报刊亭关张、杂志订户锐减、出版业萧条,甚至进入21世纪以来一直红火的交通广播让滴滴打车软件也感受到了寒意。交通一天比一天堵,但听广播的人数却在减少,大堵车的时候,司机看手机、听音乐,也不听广播了。整个社会正在进行一场史无前例的快捷移民,目的地只有一个——手机。大众传媒的几乎所有用户转眼之间都转到了移动终端,他们有一个共同的名字——互联网移民。2014年春节的微信抢红包,是对移动支付最好的一次科普。消费者的消费习惯正在改变,PC互联网培养了年轻一代的宅男宅女,移动互联网则使全民变"宅"。

年轻人越来越多地依赖智能手机进行交流、学习、交换照片、下载音乐、甚至用它看新闻、电影、电视节目以及视频。移动互联网移民,使得全球PC销量锐减,电视机销售增长乏力。全民变宅使得很多商业中心"塌陷",实体店经营出现关店潮。人人都热衷于网购,实体店衰落已成必然。在当下,人们跳进社交网络里,我们看到过去看似高大上的硬广告几乎没人用了,大家更喜欢对话式的情感营销,这一切都是互联网的人本主义回归。

2. 人人自媒体时代

移动互联网时代,信息的传播速率成几何倍率扩大,人们对信息的消费也变得更加便捷和主动。互联网经济也是草根经济,天生具有一人一票的民主基因。移动互联网时代人人都成为自媒体。信息的传播速度呈几何倍率增长,人们的信息消费也变得更加快捷和主动。消费者不仅会用脚投票,还会将自己的消费感受在朋友圈传播。这就要求企业学会敬畏。

江小白的表达瓶,扫瓶身二维码就可以参与定制,保存或分享至朋友

第四篇 实施开放式营销 构建用户参与感

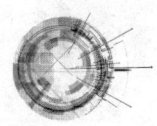

圈,朋友的朋友看到又会再次分享,相当于用病毒性的内容激发用户的参与热情。这让表达瓶自身就变成了一个超级媒介,超级平台,自动开启二次传播。消费升级之后产品在满足消费者"口腹之欲"的同时,还能提供社交价值,这样的产品极易获得根本上的认同感。

在全民网络时代,每个人都是信息的接收者,同时也是发布者,作为接收者的同时,所有人都能制造和分享信息。在移动互联网时代,人们更加倾向于"以我为中心"的表达方式。每一个人都可以让自己发出更大的声音,被更多地方的人听到。媒体广告不再是他们做出购买决策的主要依据,而是圈子里、网站上的用户对商品的评价;人们依然热衷于逛街,但会在看到喜欢的商品时,拿出手机到电商网站搜索比较产品的价格;人们去吃饭、美容、健身甚至看电影、旅游时会主动甚至是不由自主地到大众点评网、途牛网或团购网站上,搜索是否有自己喜欢产品的团购优惠,然后以原价2~4折的价格订购产品或服务;对于年轻的时尚潮人来说,通过LBS(位置服务),如陌陌、微信等,可以很容易找到距自己最近的陌生人,经过看照片、签名信息及短暂IM(即时通讯)交流,可决定是否相约共进晚餐。

信息接收方式的变化,推动着企业营销方式的改变,如电商企业依据浏览、购买、关注、收藏、转发等网上行为,分析消费者的商品偏好与购物意向,推送邮件、短信、微博、微信等,刺激消费者的关注及购买欲望。消费者新生活方式及消费形态的出现,意味着继续在传统媒体上大投广告的品牌,被浪费的不仅是无法控制的一半,而是有效的另一半的含金量也会大打折扣,甚至收效甚微,因为消费者接收信息、评估商品、购买决策的方式正在质变。

3. 经营环节的参与感

参与和体验是移动互联网的本质。原来做产品,出什么规格、用什么

包装，都是老板和企业高层自己说了算。开发出了产品，发现产品不好卖，再调整。包装不好，再改。这浪费了大量时间和金钱不说，这样的思维意识就决定了永远不会贴近用户。

信息技术正在重塑人们之间的联系方式，也给人们提供了打发业余时间的其他选择。移动互联网时代是用户参与创造产品，先有用户后有产品。用户不仅仅是产品的消费者，而且是一个新产品的制造者。通过互联网，消费者扮演着公司的产品经理、口碑推荐人、梦想赞助商等各种角色，他们热情饱满地参与到一个品牌发展的各个细节当中。如今随着粉丝、社群概念的兴起，做粉丝经济的人很多。但真正能做好的很少，为什么？因为你无法将粉丝真正参与到企业整个体系中去。而仅仅是把他们当作一种营销手段。

用户参与的背后，是互联网时代人类信息传递方式的深层巨变，对这一巨变有敏感觉察和精确把握的企业将胜出。未来真正有成长性的公司，用户能一起参与产品的设计、生产和营销过程，通过让用户参与产品创造和营销传播，可以让产品本身自带流量。当小米开发产品时，数十万消费者热情地出谋划策；当小米新品上线时，几分钟内，数百万消费者涌入网站参与抢购，数亿销售额瞬间完成；当小米要推广产品时，上千万消费者兴奋地奔走相告；当小米产品售出后，几千万消费者又积极地参与到产品的口碑传播和每周更新完善之中。

再如江小白推出的表达瓶"我有一瓶酒，有话对你说"，在原有语录瓶的基础上，打开用户参与的通道。在江小白表达瓶上"扫一扫"二维码，进入表达瓶 H5 互动页面，消费者可在互动页面写下想说的话，上传自己的照片，便可"定制"出属于自己的江小白"表达瓶"。如果"表达"特别精彩，还有可能被江小白采用，成为下一批"表达瓶"之一。

第四篇 实施开放式营销 构建用户参与感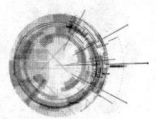

4. 客户关系的社群化

过去,企业与客户之间是简单的买卖关系,在网络经济时代,利用互联网与用户形成沟通的桥梁,消费者和品牌可以无限相互贴近,互动可以广泛深入。当前,大中小企业组织正在加速在线化、数据化、社群化。社群经济是人本回归,是现代工业社区的重构和再组织,让技术、数据、管理等硬邦邦的词语为人服务。社群经济下已经衍生出的分享经济(爱彼迎、优步等)、粉丝经济(小米、roseonly 等)、C2B(团购、众筹等)已经让我们尖叫。

建立以用户为中心的服务模式和产品模式是社群经济的基础,柔性化、分布式、个性化、动态化是社群经济的特点。电商是把生产关系中的买卖关系连接并产品化,社交网络是把人和人、人和企业、人和兴趣等连接并产品化,优步、滴滴打车是把出租车和乘客连接并产品化。工业经济时代的成果是社群经济再创造的基础,我们不需要再去发明灯泡或汽车,我们只需要去洞察和理解连接的意义,用技术、用数据、用情感去连接人群。

社交网络的移动化和社群化、C2B 预购模式正在成为下一个热潮。企业需要进行脱胎换骨的改变,打造动态供应链,通过社群口碑营销,让每一位消费者成为潜在的传播伙伴,让每一位消费者成为品牌和产品的忠实粉丝。也唯有如此,企业才有可能在未来的竞争中始终在市场上占有主动权,避免被市场所淘汰的命运。

5. 沟通传播的场景化

在传统广告时代,广告就像在教堂里放广播,消费者只能静静地呆在一个封闭的地方听品牌"传教"——这种单向传播的"美好"时光已经一

去不复返。在数字时代,品牌从神坛走下来,开始思考如何将自己的品牌和产品融入消费者生活场景之中,吸引消费者来体验和参与。以生活和消费场景为背景,以服务或商品为道具,通过环境、氛围的营造,打动消费者内心的情感、激发消费者的共鸣,进而产生产品的销售。如同"宜家体验",走进宜家卖场,如果单件家居摆放在一边,可能顾客一点购买欲望都没有,可如果把沙发、茶几、靠枕、杯盏装饰成一间漂亮的客厅,让顾客身临其境,就有了"家"的体验感,这时候购买的欲望就激发出来了。这就是商家给消费者构建了一个场景,通过这个场景来触发消费者的购买欲。在网络经济时代,依靠传统广告的营销时代已经过去,以场景触发为基础的场景化营销时代到来。

案例:江小白的场景化营销

江小白有一个原则,定位于小聚小饮小时刻。因为同学之间、朋友之间的小聚小饮小时刻最符合从消费场景到解决方案。在小聚里面,可以帮消费者的互动、情感交流多做一点引导。通过几年的经营,江小白已经成为小聚小饮小时刻的一个解决方案:通过产品来表达自己的感情。从解决方案到用户体验,把酒瓶当成一个朋友圈。在小聚酒桌上,消费者已经喝酒了,想讲什么话朋友也拦不住,通过一个酒瓶就能够把大家写在朋友圈的话放大。

除去地铁广告,没有传统的营销方式,利用互动性很强的微博、微信营销作为线上工具,组织线下活动,并与线上形成互动,以增强粉丝黏性。比如"寻找江小白",要求粉丝将在生活中遇到的江小白拍下来,回传至互联网给予互动奖励。

赞助青春电影宣传《匆匆那年》配之以广告语"同醉那天",影片上映之初,10万张电影海报在两天之内覆盖了重庆几乎所有的餐馆、超市,

第四篇 实施开放式营销 构建用户参与感

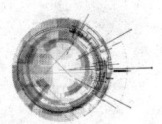

近千张楼宇广告在各大小区和写字楼安装完毕,巨幅地铁广告进入了地铁站。

案例:《小时代4》在10分钟内卖掉了2万把雨伞

电影《小时代4》为什么选在2017年7月9日上映?正值大学放假,孩子们有时间,回到小县城,给当年高中一个宿舍的几个女孩买好票,同时订了《小时代4》电影里的伞,以后每一次下雨的时候用这把伞,会想起高中的闺蜜,共同经历过风雨,这把伞会伴随着她们高中的记忆。

1. 情怀。《小时代4》卖的不是雨伞,卖的是和你躲过雨的屋檐!原著及电影系列产生的强大粉丝效应,电影完结篇营造的多愁善感,无论是感情,还是金钱,这么多年了,也不在乎这最后一哆嗦了……他们愿意为自己的青春、自己的回忆买单。

2. 会玩。"伞"谐音"散","不见不散""好聚好散"的概念恰好将雨伞跟品牌营造的离愁别绪完美地结合在一起。

案例:电影《归来》的场景化体验

2014年5月16日,《归来》在全国上映并入选为第67届戛纳国际电影节特别展映单元影片,截止到6月30日该片在中国内地收获2.95亿票房。

为什么选择在母亲节上映?做儿女的最发愁的就是怎么来孝敬母亲。刚好《归来》上映,你在网上给她订了票,派滴滴送去,还有康乃馨、《归来》的购物袋。看完电影、收到花、贺卡,第二天老人去菜市场可以拎购物袋,跟人说巩俐怎么样、陈道明怎么样。这是一个服务包,让她非常满足。这是一次很具象的场景体验,给50岁的人和30岁的人,由30岁的人来驱动。

实践案例一：青藏祁连乳业以开放式营销引领高原乳品新发展

青海金祁连乳业坐落于海拔3000~5000米的青藏雪域高原北，依托中国最美丽的祁连山草原及其稀有珍贵的牦牛资源，以领先行业的最高标准生产纯正、纯真、纯天然、高品质的乳制品。公司秉承利用资源产好奶，优化工艺保活性，始终保持零添加，以绿色纯正为宗旨，通过"五度"修炼，成就"五新"使命，为中国消费者提供一杯真正安全、健康、放心的高标准乳制品。主要从如下方面进行了创意营销：

（1）包装媒体化，把产品的包装当作一个传播的媒体来设计，通过包装能够精确地传递出产品的核心信息，让消费者能够在接触产品的同时获得更多有效信息，在产品的包装设计上体现产品格调。

（2）渠道扁平化，不仅是减少中间环节，去中间化；不断地缩小和消费者间的距离。

（3）营销社群化，玩转粉丝经济、社群营销、会员互动。

线上互动

（1）邀请粉丝参与产品开发、设计等环节

（2）试吃评测

（3）制造话题与用户互动

（4）牦牛微课堂

（5）粉丝见面会……

（6）制造话题与用户互动、评论有奖、晒单有奖、牦牛派说、转发有奖活动……

线下体验

（1）体验店

（2）社区、商超、直营店等品尝活动

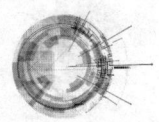

（3）美食嘉年华

透明生产

（1）参观牧场

（2）参观工厂

（3）公开产品配方

口碑传播

（1）品牌软文传播：根据品牌特点和产品优势，分别从不同层面进行了品牌内涵挖掘：①品牌与青藏高原自然禀赋有机嫁接，树立高原乳品新标杆；②研发与科技创新齐头并举，定义中国乳品新高度；③产品与市场运营双轮驱动，引领高原乳品新发展；④线上与线下渠道融合叠加，探索乳品营销新模式；⑤新鲜与活性成分极致追求，引领乳品消费新境界等软文，在乳品行业建立起独特的品牌地位。

（2）粉丝口碑传播：分别针对核心目标消费群、旅游人群和出生当地，身在全国各地游子，开展了"喝过牦牛奶，我为青藏祁莲代言""到过天境祁连，我为牦牛奶代言""来自雪域高原，我为青藏祁莲代言"活动，发动全民力量，为高品质的青藏祁莲产品代言。

实践案例二：汉风龙潭黄酒以酒为媒，嫁接传播强大的汉文化

汉风龙潭黄酒厂原名豫新龙潭，位于南阳市新野县，众所周知，新野是一座历史悠久的古城，汉文化发达，是光武帝刘秀的起兵地、东汉"光武中兴"的策源地、蜀汉政权的发祥地和三国故事的发生地。悠久的历史承载了深厚的文化底蕴。光武帝以"柔道"治天下，采取一系列措施，恢复、发展社会生产。东汉初年出现了社会安定、经济恢复、人口增长的局面，史称"光武中兴"。

南阳自古以来就有酿酒传统，酿造技术成熟，乡间流传着许多特制配

方,生产的黄酒风味近似但又独具一格。但沿用过去传统的经营模式,对配方、口味改良创新不足,缺乏现代化经营管理,企业规模和产销量停滞不前;经营品种多、市场狭小,包装品位低,推广意识不强;多生产本地家常黄酒,市场局限于本地,自主经营,规模小。

汉风龙潭黄酒厂对品牌进行重新命名与定位,嫁接强大的汉文化——汉风龙潭:历史属性,大汉雄风、盛世中华;地域特征,唐河岸边、黄酒小镇。正值举国上下都在为实现民族复兴的中国梦而奋斗的历史时刻,复兴中华主要是复兴中华民族在汉唐时候对世界的影响力。复兴中华、重建汉唐盛世的中国梦,所以将品牌定义在了"弘扬汉文化,助力中国梦""复兴中华梦,汉风龙潭酒"。同时,与国内一线黄酒品牌古越龙山相类比,南有古越龙山,北有汉风龙潭。在此基础上,对汉风龙潭黄酒发展进行了具有鲜明特色的特色小镇规划:形成以汉文化为核心,以黄酒产业为主导,以"中原黄酒,醉南阳"为形象诉求,将龙潭黄酒小镇分为黄酒创意产业园区、汉文化街区、红米基地观光区,形成"一园一街一基地"的空间结构。

(1)发展大农业－旅游地产:黄酒小镇、影视基地、红米基地、工业旅游。

(2)建设大旅游－汉风黄酒博物馆:酒史厅、酒俗厅、汉史厅、汉赋厅、汉韵……

(3)追求大健康－汉兴龙潭黄酒:设计了汉宗系列、五圣系列、汉风系列、汉秀小酒。

(4)弘扬汉文化－汉文化影视剧:《秀丽江山》《阴丽华皇后》《岑彭大将军》《邓禹大将军》。

自我审视与评估

1. 我们的员工会为我们打造的产品自豪吗?会让顾客有独特的体

第四篇　实施开放式营销　构建用户参与感

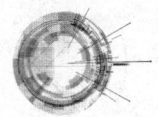

验吗？

2. 让品牌活起来。你的品牌能与人沟通吗？你是"真酷"还是"装酷"？

3. 你有没有想过，当有人对你的顾客进行意见调查时，他们会不会认为你至关重要，必不可少？如果没有了你的产品，市场上是否会变得黯然失色？

4. 对于公司的产品，消费者是否已不再感到兴奋？

5. 如果你的公司明天就消失了，有没有人会真正在意你？你的公司产品、服务或品牌是否已经与顾客建立起一种情感联系，顾客会不会对你的企业存在或蓬勃发展有兴趣？

6. 在他们的生活中，你的企业是不是一股积极的动力？如果你的企业消失了，他们的生活会不会受到某种程度的损失？

7. 你的公司是否一直在应用互联网、云计算、人工智能等最新科技技术手段缩短与客户的距离。

8. 你的公司是否已经建立起与客户群的立体互动网络。

尾声
塑造开放性文化
提升创新包容性

除非他们允许真正意义上的自由，否则他们最终只会对有创新倾向的员工形成束缚。

——组织再造大师詹姆斯·钱皮

在商业世界里没有安全地带，获得安全的唯一方法就是在这个险象环生的世界里不断进化，在进化的每个阶段持续创新。

——《21世纪商业评论》发行人　吴伯凡

创新,是我们这个时代的主旋律。但创新本身不是目的,人类社会以人为本的可持续发展才是根本目的。创新,需要企业文化的支持,只有当一家企业在文化层面对创新有了正确的理解并付诸实践时,创新才有可能持续涌现。虽然当前所有企业都在口口声声谈创新,但很多企业让创新仍然受制于繁琐的内部流程,为创新设置了重重关卡却浑然不知。创新的源泉不可能来自揠苗助长式的动员,它更源于企业领导者的意识及其所营造的文化氛围。很多公司没有建立起真正鼓励创新的系统和流程,这导致创新成为一种偶发性的行为。因为仅有个人力量对创新进行支持,公司的业务波动会让创新变得异常脆弱。

创新意识必须深深扎根于企业文化之中,需要不断地鼓励,让创新持续地发生,否则再好的创意也会枯竭。90后数字原住民一代崇尚以自我为中心,崇尚自我价值的实现、权利的诉求,对新生和多元事物具有更高的开放、包容性;创造力更强,也愿意尝试变化、挑战和创新的趣味;比前辈们更能独立决断,乐于分享观点而不惧权威。这就要求管理者创造一种文化氛围,让所有的员工参与,发挥员工集体的智慧,创新才会在企业内部悄然发生。

尾声 塑造开放性文化 提升创新包容性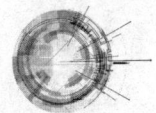

一、培育一片孕育创新的土壤

1. 建立诚信与坦诚的文化

创新始于对公司现状的正确评估,公司每位成员在公司内外,无论何时何地都应该说实话——不仅因为事实本身很重要,而且建立信任的最好方法就是始终真实如一。坦诚是一种直爽、一种率真,如果缺乏了坦诚这一基石,创新者最原始的动机是追求孩童般单纯的快乐。说真话并不容易,但是身处一家创意企业,说真话却是通往卓越的唯一途径。通过在企业内部推行坦诚相见的文化,减少企业内部及与合作伙伴的信任与沟通成本。

如果没有了信赖,创意合作也就无异于无本之木,信赖必须要敢说真话,推心置腹地交谈,热火朝天地讨论,欢声笑语、关爱相助,彼此扶持,相互帮助,共同创造。无论世事如何变迁,都要对彼此坦诚,与客户和合作伙伴分享好想法,对新观念灵活接受。美国通用电气集团前首席执行官杰克·韦尔奇在总结其数十年管理从业经验的专著《赢》中刻意强调了这一点,尤其注重坦诚的开放型企业文化的建设。杰克·韦尔奇说:他们花费了大约十年的时间,来建立坦诚与信任的企业文化,人是决定一切

的因素。具备正直品行的人要说真话、守信，要对所做过的事情负责，勇于承认错误并改正，用光明正大的手段来赢取竞争的最后胜利。

2. 建立公开与透明的文化

很多公司的员工，私底下认为公司有一堆问题，但因为种种原因，从不和上级沟通。信息无论是从上往下，还是自下而上都会失真，每经过一个层级信息就要损耗一部分。在新商业时代，企业必须逐步建立起"开放分享、上下通透"的沟通机制，让公司高度透明、开诚布公、共创共享、民主决策，让员工敢于公开提尖锐问题，进行畅通无阻的交流。如谷歌美国在周五会有TGIF活动，即"Thank God It's Friday"，员工聚在一起很轻松地向高层提问，很多尖锐的问题都会在这时提出。

而我们当前的很多企业老板和高层习惯了享受权利；习惯了自上而下的命令式管理，习惯了个人说了算的决策；习惯了人前一套、背后一套；在日常管理中，从不用考虑下属的想法和感受。由于企业管理制度不完善不透明，老板总是左右担心，遮遮掩掩，但当面对90后、00后新生代进入职场的时候，企业管理自然哑火，从而阻碍了公司的发展。

通过在公司建立"内网"，打造内部分享沟通平台，老板、高层可以在上面分享信息，员工可以在上面吐槽。如阿里巴巴，其内网阿里味儿论坛，所有员工都可以登录，并且畅所欲言，帖子内容千奇百怪，基本上没有什么禁忌。管理者的注意力也并不在控制这些言论上，而是积极利用这个平台获得全面的反馈，主动积极地影响员工行为。里面有非常多的内容，其中有一个内容是"畅所欲言"，在这里高层和员工之间可以畅通无阻地交流，高管可以发表自己的看法，员工有不同意见还可以给高管"减分"。员工可以随时在里面发表自己的看法，高管也可以随时参与讨论，里面有对公司政策的讨论、有对产品创新的讨论、有客户问题的反馈，有

尾声　塑造开放性文化　提升创新包容性

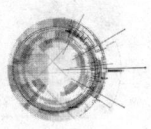

分享自己工作的经验心得。这样的平台帮助阿里巴巴形成了"开放、透明、分享"的企业文化，也等于让全员参与决策，让每个员工有了主人翁意识。

建立公开透明的企业文化，从领导层到基层员工，可以开诚布公地讨论各种问题。从而保证信息不会经过层层传递而衰减，让每个员工获取的信息都是一致的，让员工和高管、老板的信息是互通的。这么做的好处很多，但要打造这种环境却不容易。不过，一旦公司里有了不分部门皆能坦诚发表意见的实例，应该很快便能累积成推动的力量，组织的领导人更应身体力行。

3. 建立平等与包容的文化

多样的思维是创新之源，多样性的思维需要包容性强和参与性强的企业文化。由于90后的权利意识明显增强，他们追求公平、公正、平等。但是，大多数管理者至今并没有意识到这一点。很多企业依然沿袭过去家长式的管理，再加上企业内部森严的等级制度，严重影响了90后员工的积极性。如在珠三角诸多的制造企业，会根据员工职位的高低，提供有差异化的工作午餐。简单的一个餐厅分级管理，就会导致流失不少优秀的90后基层员工，原因就是员工感受到了"不平等待遇"。公司里面过去有很多的平均主义，需要重新思考。公司里面常常用了很多典章制度，就是为了要维持一个所谓的平等，平等不是公平，平等的意思是大家要拿的不能差太多。因此就会造成偷懒的人会被排除，但是在曲线的另外一端，就是那种特别有想法的人也会离开。最后这个公司就会变成一群平均人的组合。

因此，当90后逐渐成为公司中流砥柱的时候，管理者就需要改变以往的管理模式。首先要改变态度，平等对待每一名员工，包容员工的个性

化,改变过去高高在上、简单自上而下的命令和一成不变的管理。管理者应在企业中推行平等、包容的文化,减少等级观念,营造出彼此尊重、平等、宽松、包容的企业氛围,让90后员工感受到平等的企业文化,从而提高他们的企业归属感。如华为一贯不接受媒体的采访,保持着外界对它的神秘感,但是当余承东出任CEO以来,屡屡爆出惊人之语,这在华为内外掀起轩然大波,一度曾传出禁言下课的风波。但任正非说过,只有宽容才会使团队大多数人与你一起认知方向,只有妥协才会使坚定不移的正确的方向减少抵抗,只有如此才能达到你的正确目的。另一方面,企业应该能接受失败,那些创新者没日没夜地工作,即便失败了,也希望得到激励和支持。

4. 建立开放与协作的文化

互联网时代呼唤开放与协作的企业精神。据统计,《财富》杂志公布的世界500强企业中,有超过1/3的企业将"团队协作"作为其核心价值观,可见优秀的企业对团队协作的认同。数字时代的大多数创新都是多人合作的结果,高效的团队协作精神是企业成功的基础,也是企业走向卓越的法宝。当前,无论是个人还是公司,都切实感触到现代社会竞争的压力,如果不进步就意味着倒退,意味着被淘汰。那么如何进步,很重要一点就是要打开心扉,打破门墙。

企业领导者需要创造唤醒他人一道前进的氛围,重视团队的整体成就,发挥团队的组合作用,汇聚更多的优秀人才,以团队精神共同分享成就与荣誉。正确认识、接受自身存在的缺点;正确认识他人的优点,充分授权和信任他人的专业能力;取长补短以团队合作降低经营风险,提高经营效率。要让员工在工作中愿意分享交流,敢于暴露自己的不足,敢于把自己的收获拿出来分享,听别人的指正然后去完善。公司之于用户要真

尾声 塑造开放性文化 提升创新包容性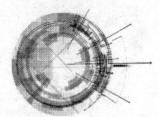

诚,并愿意和合作伙伴进行开放、透明的协作。现在已不再是大包大揽和封闭发展的时代,我们精一行,别人通另一行,合在一起既保证了产品足够优秀,也会让自己的市场越来越广阔。

二、建立一种追求卓越的文化

有效的管理者能够直面残酷的现实。许多管理者对变化的前景感到担忧，因此，尽管事实上世界正在我们眼前发生变化，但这些管理者并没有改变自己的想法或观点以适应现实的变化。他们要么否认变化的事实，要么否认其重要意义。事实上，他们与现实已经不同步，被现实抛在了后面。直面残酷的现实既需要面对挑战，也需要能看得到存在的机会。面对新技术并探讨新技术对公司可能产生的长远影响。必须对信息技术在其行业运用的最新情况有一个透彻的了解。

正如凯文·凯利所言：智能科技的发展，将会是一系列无尽的升级，而且迭代的速率正在加速。在新科技面前，每一个人都是菜鸟，在未来，所有人都会一次又一次地成为全力避免掉队的菜鸟，永无休止，无一例外。原因在于：首先，新科技无穷无尽地升级，你会永远保持一个菜鸟状态；第二，未来30年，大部分可以主导生活的重要科技还没有被发明出来，面对这些科技，你会一直保持菜鸟状态；第三：淘汰的循环正在加速，你不会有足够的时间来掌握任何事情，永远是菜鸟，是所有人的新设定，这与你的年龄、经验都没有关系。所以，任何一个组织最终的和可持续的竞争优势来自其学习的能力以及针对新情况迅速采取行动的能力。

尾声 塑造开放性文化 提升创新包容性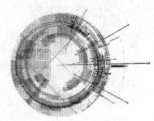

1. 敢于冒险，鼓励探索和尝试

在企业内部建立一种敢于冒险、推陈出新，乐于不断探索创新的氛围，打造一种勇敢无畏的企业文化，营造一种企业环境，将试错看作是企业创新发展过程中的必然经历和自然过程，面对风险是企业经营中的常态，让员工们不为犯错而担惊受怕，人们就能放开手脚去探索新的疆域，用于踏上未知的道路，强化对试错的承受力。不把太多的时间浪费在踟蹰或纠结自己的决定是否正确上，即使撞了南墙，也能有足够的时间、精力重新出发。

人们往往抗拒失败，不惜一切地避免失败。如果我们能用恰当的方式正视失败，那么失败便可以转化为成长的契机，往往正是对待失败的方式，拖住了我们前进的脚步。在公司内部，任何的创新和尝试，总需要有人承担一些风险。

在此，检视一下您的公司是否正遭受失败的负面影响，这里有一个简单的判断方法：自问一下，当公司里某个决策失误出现时，会有什么样的状况发生？员工是就此放弃、默不作声，还是齐心协力寻找并控制问题的根源，以避免再次发生呢？

在一个人人畏首畏尾、人人视失败为眼中钉的企业文化中，大家都会有意无意地对冒险和探索抱有能避则避的态度，为了避免风险，他们会尽量去重复那些经过验证的经验，而他们的工作也变成了毫无创意的沿袭。如果我们能认识到探索和尝试不只是令人头疼的无畏浪费，而是有意义的，不可或缺的。在通往成功的道路上，犯错是不可避免的，我们能做的是，尽可能缩短犯错的时间。我们更多考虑的应该不是如何避免犯错，而是如果犯了错误，该如何恢复并从中吸取教训和经验。如果我们能营造出一种文化，鼓励大家从积极的一面去理解失败，那么就能收获截然相反的

结果。解开失败的恐惧对我们的桎梏,将探索的失败造成的损失作为对未来的一种必需的投资。经营创新之路注定不会平坦,只有经历探索,才能辨清方向。那么,请大胆开始,大胆行动,大胆试错!

2. 聚焦机遇,而非纠缠于问题

传统企业领导者习惯于将主要时间和精力放在解决层出不穷的问题上,公司的管理层会议往往也是主要用来讨论、解决和处理问题。企业要赢得未来,必须转变认识和做法,将更多的注意力放在探讨机会上,而不是放在研究问题上。过度纠缠于问题,往往会使企业错失行业和市场发展机遇。解决问题能防止损失,但利用机会才能实现突破发展。正如在《谷歌,重新定义公司》中所指出的那样:除非公司出现危机事件,在管理层会议上,会议的主题应该首先探讨市场机会而不是讨论和纠缠于问题。

在通用电气HR管理实践中,经常使用3E法则来聚焦于机遇:第一个"E"Energy(朝气蓬勃),也就是有所作为、渴望行动、喜欢变革、敢于直面问题;第二个"E"(Energize),即懂得如何去激励别人行动起来,突破问题和瓶颈限制,承担起看似不能完成的任务;第三个"E"(Edge),是对麻烦的是非问题,做出决定的勇气。对于同一件事情,任何人根据自己看问题的角度不同,都会有不同的看法。真正的领导型企业家能够跳出问题本身,以更高的视野看待所面临的问题和机遇,并且懂得应该在何种时机下,停止那些无谓的不必要的探讨和争论。当需要做出坚决的选择时,痛下决心、大胆决策。

3. 放大格局,而非局限于自我

企业要赢得未来的市场竞争,就需要有更大的格局来审视自身和所处的产业。"格"就是品格,"局"就是指气度、胸怀。格局,就是企业家对

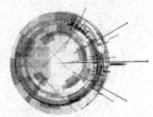

局势、态势的理解把握，以及对行业、产业及社会发展及企业发展所处的位置、对未来变化的理解和把握的程度与能力。跳出企业过去的"小我"、琐碎和狭隘，拥抱客户中心思维、平台共享思维、产业生态圈思维、跨界融合思维，以"不至于利润追求"的使命感，建立"大我"，在更大层面上开放整合各方资源，建立更大的事业和发展平台，为客户切切实实地创造价值，真真切切地成就员工、成就合作伙伴、服务行业和整个社会，企业才可能做到持续发展。

企业所谓的"局限"，往往都是归根于企业领导人格局太小，为其所限。成功的企业往往有着一个富有远见的领导者，他能看多远，企业就能发展多大。在今天这个知识不断迭代更新的世界里，企业领导者需要不断刷新自己的知识结构，不断开拓自身的视野和格局：以长远、发展、战略的眼光来看问题；以共创、协作、共赢的态度开展合作；以大格局、大境界、大胸怀，成就大事业。

正所谓：有一种战略叫拥有格局，有一种境界叫开放格局，格局有多大，事业有多大！无关体量、无关财富、无关年龄，只看企业家的格局、企业家的视野和企业家的心胸和思想境界。

4. 放眼未来，而非驻足于过去

在过去，企业家在创立企业的时候，并没有认真思考过企业的未来，大多只是考虑眼前赚不赚钱，却没有真正从战略的高度来看待和审视自己的企业。一个企业在短期内实现赢利是相对容易做到的，难的是如何能够让企业长线经营、永续经营。面对来势汹汹，快速迭代的互联网经济，企业不能再沉湎于过去的成功，在新商业时代，曾经的经验成为企业未来发展的绊脚石。适应未来最好的办法就是，创造未来。正如马云所言：企业要成功，重点要放眼未来，而不是考虑如何跟上一代去竞争。企业家应该

在繁忙的事务之余,经常抽出点儿时间,退一步审视自己正在做的事情。

传统企业家习惯于以过去的眼光看现在,企业必须高瞻远瞩地看待企业所从事的业务,用未来和发展的眼光看现在。正如皮克斯动画工作室联合创始人艾德·卡莱姆在《创新公司:皮克斯的启示》中所指出的:想要见证伟大,就必然经历一段不伟大的平庸。在新的创意环境中,就是要允许"平庸"的出现,要用发展的眼光去看待各种实践,要给那些看似"不成熟"的想法足够的试错空间。

在新商业时代,新一代的企业领导者就是需要拥有蓬勃进取、积极向上的活力,敢于冒险和勇于尝试,聚焦于行业与市场机遇,做出坚定的抉择。同时,拥有摒弃问题干扰的坚强意志与排除万难的非常决心,懂得自我激励并渲染和带动身边的每一个团队成员,通过业务流程和信息沟通的透明度来化解风险。同时,将果敢的毅力延伸为成就伟大事业和最终目标的坚韧执着。

是的,企业经营创新之路注定不会平坦、充满坎坷、问题多多,但企业家可以做的就是:开放思维、放大格局、放眼未来,排除干扰、一路向前!

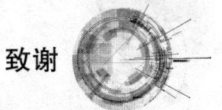

致谢

岁月可谓凶猛,转眼间从一个意气风发的青年,即将步入不惑之年。今年,中国正将迎来改革开放40周年,中国近40年取得的举世瞩目的巨大成就,最根本的是得益于中国一直坚持的改革开放政策。当前,中国正在积极推进的"一带一路"倡议,是新形势下的开放战略,与沿线国家互联互通,共创共赢,在更大空间上实现融合发展。一个国家,唯有开放,才能赢得更大发展,对于一个国家是如此,对于一个企业更是如此。

从偏远的鲁西北农村,到县城,再到开放城市青岛,进而到首都北京发展事业,十数年来笔者经历了很多,也结识了很多朋友:他们有中国商业模式创新咨询专家李振勇、河南万庄农资集团赵慧清董事长、北京华智晟远管理咨询公司石泽杰董事长、甘肃华瑞农业股份韩登仑董事长、浙江永艺家具股份张加勇董事长、阮正富副总经理、通赢优选股份公彦斌董事长、吉林筑石地产吴悦春董事长、山西豪佳电力股份李广俊董事长、山东京博物流信息中心贾振主任、广东顺德缘好钻石陈建津董事长、北京国宗中医医院王凤一院长、菏泽开发区中心医院丁新甫院长、内蒙古高原露刘战先董事长、河南新亚实业集团时伟正总经理、内蒙古自治区党委宣传部张太平部长、新华社能源环保频道执行主编张世祥、国家发改委中国发展

网副总裁史卓琦、内蒙古蓉渊食公司尚杰董事长、吉林依思嘉服饰杨春燕董事长、内蒙古亿度电商董事长薛爱玲、IBM原大中华区电子商务与供应链解决方案专家朱宝麟、北京宏圣源珠宝（饰尚部落）戚鹏董事长，他们的经验，是我思想的源泉。

同时，感谢国家发改委中国产业发展研究院才泓冰院长、中国电子商务协会食品分会杨昊鹏秘书长、王中雷副秘书长、内蒙古女企业家商会樊小平会长、内蒙古山西商会龚占铁会长、内蒙古食品商会樊中华会长、内蒙古鄂尔多斯商会赵万胜会长、内蒙古旅游协会刘洋会长、内蒙古品牌促进会胡松秘书长、青岛科技大学党委常委、副校长吕万翔老师、青岛科技大学经管学院教授邓玉勇老师等。同时，特别感谢一路走来的同学、同事和好友的帮助和支持，他们有：石泽杰、那凡、李辉、黄涛、苑松、郑伟、张金龙、潘丽霞、毛晓飞、宋越平、刘海平、宋光、李丹、张睿、赵国伟、曹刘霞、乌兰、陈荣、田利冰、王秋蕾等。

需要特别说明的是，科技发展日新月异，企业经营创新层出不穷，这本书的出版也只是起点，希望在未来的日子里，会根据商业的发展、自身的观察、时间和感悟不断完善和迭代，以期为大家与时俱进地提供思想指导，希望这本书的出版能抛砖引玉，也诚邀有志于开放经营创新领域研究与实践的专家学者、企业家、咨询业同行，共同探讨与经验分享，在这场商业变革中共同成长与进步。

我希望看到，更多企业在互联网时代的商业变局中更清醒地自我审视，在变与不变中找到管理新平衡。在整个变革过程中，企业家要有想象力、要有价值创造的激情，还要能够将梦想转换为行动路径，且随时进行自我更新，以开放式思维和视觉看待企业经营，最终形成持续创造价值，实现创新的能力。

最后，我希望，也相信，诸位会饶有兴趣地读完此书，并觉得开卷有

致谢

益，合书无悔，以全新的经营思维审视自己、审视自己的企业，挑战自我，跳出窠臼，带领公司向全新的经营境界迈进。希望本书能激发您内心的创新灵感，一切从今天开始，马上行动起来，从书中的理论结合您的实践，积极探索，大胆尝试。无论任何时候，都胸怀梦想，心怀希望，相信自己，相信我们认为对的事会带领我们冲破障碍，繁华万象其实都是世界的背景，无论前进的路途多么艰难，未来总会变得比往昔更加美好，你需要做的就是以开放的思维、开放的心态，进行开放式的全新经营！

最后，也是最重要的，感谢我的家人和两个孩子，在写作本书期间牺牲了很多周末和假期时光，给了我毫无保留的鼓励和支持，我爱你们！

张建朋

2018 年 5 月 1 日于呼和浩特

参考书目

[1] [美] 亚德里安·斯莱沃斯基, 卡尔·韦伯著.《需求－缔造伟大商业传奇的根本力量》. 浙江: 浙江大学出版社, 2013.

[2] [美] 埃里克·施密特, [美] 乔纳森·罗森伯格, 艾伦·伊格尔.《重新定义公司－谷歌是如何运营的》. 北京: 中信出版集团, 2015

[3] [美] C. K. 普拉哈拉德, M. S. 克里施南.《企业成功定律》. 中国人民大学出版社, 2009.

[4] [美] 杰克·韦尔奇, 苏茜·韦尔奇著.《商业的本质》. 北京: 中信出版集团, 2016.

[5] 《钱皮新思维－通过变革赢得竞争》. 詹姆斯·钱皮. 东北财经大学出版社, 2012.

[6] 《创新公司－皮克斯的启示》. 艾德·卡特姆, 埃米·华莱士. 中信出版社, 2015.

[7] [美] 凯文·凯利.《新经济 新规则》. 电子工业出版社, 2014.

[8] [美] 菲利普·科特勒,《科特勒谈营销－如何创造、赢取并主宰市场》. 浙江人民出版社, 2002.

[9] [美] 克里斯·安德森.《免费－商业的未来》. 中信出版社, 2009.

[10] 《一路向前－霍华德·舒尔茨自传》. 霍华德·舒尔茨, 乔安·戈登著. 中信出版社, 2015.

[11] 《一网打尽－贝佐斯与亚马逊时代》. 布拉德·斯通著. 中信出版社, 2014.

[12] [美] 丹尼尔·平克.《全新思维》、《全新销售》、《驱动力》. 浙江人民出版社, 2013.

[13] 《开放式战略－互联网＋商业模式颠覆式创新》. 石泽杰. 中国经济出版社, 2015.